JN273815

ジョン・ウィッテ 著

自由と家族の法的基礎

大木英夫・髙橋義文 監訳

聖学院大学出版会

監訳者まえがき

聖学院大学大学院・総合研究所では、毎年、海外から注目に値する有力な研究者を招き、大学院での特別講義をはじめ、公開講演やシンポジウムなどを開催している。

二〇〇六年度は、アメリカのエモリー大学法科大学院教授、同大学「法と宗教の研究センター」(Center for the Study of Law and Religion) 所長ジョン・ウィッテ教授をお招きした。教授は、本学学部学生対象の講演、大学院での講義、それに本学が会場となって催された二〇〇六年度日本ピューリタニズム学会第一回研究大会での招待講演を担当された。本書は、その折の一連の講演と講義に学術誌論文一編を加えて編まれた、ウィッテ教授の日本における最初の著書である。

ウィッテ教授は、ハーバード大学法科大学院を終えてすぐにアメリカ南部の名門エモリー大学法科大学院で教鞭をとり始められた。と同時に、研究所「法と宗教の研究センター」に参画し、主要なメンバーとして活躍、その後第二代所長 (Director) の責務を負われ現在にいたっている。ウィッテ教授は、本来法制史を専門とする歴史家であるが、神学、宗教、社会、政治の分野に造詣が深く、それを生かしながらその学問研究の場をこの研究所に置き、そこから、教会と国家の分離、信教の自由、結婚と家族、人権等に関する幾多の業績を公にされている。

エモリー大学法科大学院の「法と宗教の研究センター」は、法と宗教の関わりとその関係領域を扱うきわめてユニークな学際研究を、さまざまな財団から毎年相当な額の研究費を得て精力的に推進している研究所である。この研究所が創立されたのは一九八二年であった。法と宗教の対話に強い関心を抱いていた当時の学長ジェームズ・T・レイニー氏の主導で、ロバート・W・ウッドラフ財団から寄せられた資金をもって立ち上げられた。（ちなみに、レイニー氏は、エモリー大学を研究総合大学として大きく飛躍させることに多大な貢献をされた学長である。のちにクリントン政権下で駐韓国大使を務められた。）

研究所が創立された当時、このような研究を学術的に手がけることは文字通り先駆的な作業であった。初代所長のフランク・S・アレクザンダー教授によれば、法と宗教の関わりの分野は、当時ではまだ学問研究の対象とは見られていなかったという。しかしその後、さまざまな分野で学際的な対話が高まり、法と宗教をめぐる研究の必要も急激に認識されるようになるが、その過程でこの研究所は終始指導的な役割を果たしてきた。

昨年二〇〇七年、研究所は創立二十五周年を迎えたが、そのニューズレターの中でウィッテ所長は、今後の研究所の課題として、これまで扱ってきた信仰と自由と家族の問題と信教の自由に関する人権の問題に加えて、宗教と科学の関係、環境問題、宗教と法と社会についてのグローバルな理解を挙げ、宗教の豊かさをそれらと連携させなければならないと述べておられる。そこにこの研究所の意欲と幅の広さが感じられる。

この研究所がエモリー大学の教育課程に独特な特徴をもたらしていることも付け加えておきたい。その一つは、研究所を介して法科大学院と神学大学院とが密接な関係を保ち、法学と神学の共同学位プログラム（法学と神学の両方を同時専攻できるプログラム）を提供していることである。ウィッテ教授はそのプログラムの中心として神学大学院の教授も兼ね、同教授の法と宗教に関する科目は、神学修士課程の必修科目ともなっている。

本書は、以上のような研究所における法と宗教に関する長年の研究に基づいて、自身の歴史方法論を駆使しながら、デモクラシー、教会と国家の分離、結婚と家族の問題を論じたものである。その論述の意義と魅力は以下の点にある。

第一は、法や政治や社会について、その宗教的な源泉と次元をとらえ、その伝統的教訓を引き出し、それを現代世界に意義深く結びつけようとしているところである。一言で言えば、宗教と伝統の価値を現代に生かすこと、それを現代のさまざまな問題の解決への糸口にすることである。

第二は、その作業を進める歴史的・学際的な方法論である。既述のように、法学者でありながら神学をはじめ他の学問領域にも詳しくそれと対話させていくその論述は他の追随を許さない。個別分野の研究は詳細を極めながらも、常に大局的な視点から全体をとらえていく姿勢を失わないものである。

第三は、アメリカにおけるデモクラシーや教会と国家の分離の関係について、新しい見方がされていることである。この分野については、わが国でも、アメリカ史やアメリカ研究の分野で、翻訳も含めてしっかりした研究が近年次々に出ているが、法の専門家が神学的専門を踏まえて論じている本書のような研究は、おそらくわが国では初めてであろう。

第四は、家族とりわけ結婚の問題を、現代の深刻な状況を踏まえて、新しい可能性を探っていることである。とくに、「サクラメントから契約《コントラクト》へ」と「契約《コントラクト》から契約《コヴェナント》へ」という流れで結婚の過去の歴史を分析し、そこから現代の可能性を探るところはきわめて示唆的である。結婚が契約であることは今日われわれの間でも自明のことであるが、契約の深い意味に眼を止める視点を持たないわが国では、あたらしい洞察である。

そのほかにも学ぶべき点が多々あるかと思う。学際的研究であることもあり、広い分野の方々に読んでいただければ幸いである。

聖学院大学および聖学院大学総合研究所は、今年二〇〇八年、創立二十周年を迎えた。本書の出版は、それを記念する企画の一環でもある。

本総合研究所は、大学設立にあたってその建学理念を検討するところから出発し、その後、人文、社会科学の分野の広範な課題を扱うようになり、各専門分野の個別研究とともに広い視野を重視しながら研究活動を進めてきた。とくに学際的には、戦後日本の歩みを、自由の伝統、デモクラシー、地域社会、グローバリゼーション等の主題を追いながら再検討するとともに、新しい知の形成、新しい文化総合を目指し、この時代と次の時代に向けて指針を得ることに務めてきた。

本書は、以上の聖学院大学総合研究所の目的に沿ったものであり、その記念企画にまことにふさわしい内容である。

ウィッテ教授には、そのご貢献と本学でのご奉仕に、心からの感謝を申し上げたい。

二〇〇八年三月

聖学院大学・聖学院大学総合研究所二十周年を記念して

学校法人聖学院理事長・聖学院大学総合研究所所長　大木英夫

聖学院大学大学院・総合研究所教授　髙橋義文

訳語凡例

1 stateは、アメリカ合衆国憲法の成立の前と後で、「邦」と「州」に分けて訳す場合が時々見受けられるが、本書の議論ではその区別が必要な部分はないので、煩雑さを避けてすべて「州」の用語で統一した。

2 アメリカ植民地時代から初期合衆国における州の公の宗教（教派）を表すpublic religionについては、「公定宗教」という訳もみられるが、本書では、「公認宗教」の訳語を採用した。

3 アメリカ合衆国憲法修正第一条のestablishment of religionは、連邦政府に対する規定であることから従来しばしばそうされてきた、「国教樹立」の訳を採用した。また、それに伴ってこの条項を示すestablishment clauseは「国教樹立条項」とした。

4 contractとcovenantは、本書では、前者を社会的取引の意味での契約として、後者はそれ以上の神との契約を含めた概念として両者を区別して用いられているが、日本語ではその違いを明白に表す適当な訳語がないため、双方とも「契約」と訳し、ルビをふって区別することにした。

5　sacramentは、カトリック教会では「秘跡」、プロテスタント教会では「聖礼典」などと訳されているが、訳し分けると煩瑣になることもあり、そのまま「サクラメント」と表記した。

6　marriageの訳語は、法律用語としては「婚姻」が一般的であり、本書はこの語を多く法的議論の文脈で使用しているが、わかりやすさを考慮して、「婚姻法」のような場合を除いてすべて「結婚」の語を用いた。

7　その他の訳語で、本書の議論を理解する上で妨げにならないと思われるものについては、統一せずに各章の訳者の判断に委ねたものもある。

8　訳者が補った言葉、また訳注には［　］を付して示した。

著者序文

人々が切実に求めてやまない三つの事柄がある。信仰と自由と家族である。本書は、これら三つの主題に関する歴史的比較分析的研究である。ここに収録されているのは、西洋の伝統を中心とした、自由、デモクラシー、教会と国家、契約《コヴェナント》と共同体、結婚と家族生活についての一連の簡潔な歴史研究である。

わたしは、本書およびその他の著書において、歴史を三つの「r」を念頭に置いて研究しようとしてきた。すなわち、西洋の伝統における法と政治と社会の宗教的な源泉と次元を「回復すること」(retrieval)、今日の時代のために伝統のうちにあるもっとも永続性の高い教訓を「再建すること」(reconstruction)、教会と国家と社会が今日直面している困難な課題を歴史的情報に基づく宗教的見地と「再連繫させること」(reengagement)、この三つである。わたしはまた、以下のように三つの「i」も念頭に置いて研究しようとしてきた。わたしの多くの歴史研究は、視座からすると「学際的」(interdisciplinary)である。すなわち、宗教的伝統の知恵を、法学と人文科学と社会科学の広範な交流の中に導入しようとすることである。また、方向性からすると「国際的」(international)である。すなわち、学際的な課題をめぐるアメリカの議論を、比較対象的・歴史的対話と新しいグローバルな対話の中に位置づけようとすることである。さらに、発想の源泉からすると「宗際的」(inter-religious)である。すなわち、カトリック、プロテスタント、オーソドックス(正教会)の法的教訓を、時にユダヤ教やイスラム教のそれも含めて、比較検討しようとすることである。本書は、このような歴史的方法論のささやかな弁証であり実例である。

わたしは、本書の内容を、二〇〇六年六月、聖学院大学における講演と講義で試みる特権にあずかった。講演後になされた議論から多くのことを学び、学んだことに照らして内容を修正した。もちろん、これらの講演と本書で述べた事柄に顕著な西欧的特徴とりわけアメリカ的特徴が、日本で直接妥当し適合すると考えることは僭越であろう。しかし、遠く離れたところから見ると、日本の教会人、政治家、学者、研究者もまた、近年アメリカや西欧の学者たちの関心を占めている信仰と自由と家族について、同じ基本的な問題と戦っているように見える。また、こうした日本の兄弟姉妹たちは、西欧においてわたしたちの関心をとらえてきた法と宗教をめぐる規範的な諸文書が持つ永続的な意味と取り組んでいる。少なくとも、本書は、日本の読者にとって、比較分析だけでなく歴史的啓発の点でも益するところがあるのではないかと思う。もし、比較分析が、新鮮な視点から自らの規範と実践の有効性と有用性を確認し、それらを解釈し改革することについて何ほどかの思想を獲得することと以上の何ものでもないとするなら、比較分析は常に啓発でもある。そしてこのことは、日本の教会と国家と社会における独自の反省と改革を刺激し、次に、日本や他のアジアの社会だけでなくアメリカや他の西欧の社会をも啓発することになろう。端的に言えば、信仰と自由と家族はあまりにも基本的で普遍的な関心事であるゆえに、信仰を持つ真摯な人々は相互に学び合わざるをえないのである。

日本訪問の間、わたしと妻イライザに与えてくださったすばらしいおもてなしと知的な交わりに対し、聖学院大学の著名な指導者と教職員の皆様に心からの感謝を申し上げる。聖学院理事長大木英夫博士には、大学におけるヴィジョンにあふれたご指導と、神学と哲学とピューリタニズム研究における先駆的な学識と、今回のおもてなしと本書の監修だけでなく、何年にもわたってわたしに示してくださった非常にまれなご親切とに対し、特別な感謝の言葉を申し上げたい。また、聖学院大学学長阿久戸光晴教授に深甚の感謝を申し上げる。わたしは、阿久戸学長がかつてエモリー大学におけるわたしの学生であったことを誇りに思う。阿久戸学長は、日本のみならずヨーロッパと北アメリカにおいても、キリスト教高等教育の偉大な使節である。髙橋義文教授には翻訳と本書の編集作業に対し、藤原淳賀准教授には暖かいお世話と明快な通訳に対し、山本俊明氏にはわたしたちの訪問と本書の出版を計画・準備してくださったことに対し、心からの感謝を申し上げる。こうした同僚が与えてくださった大きなご親切はわたしの身に余ることである。これらの方々を兄弟また友人と呼ぶことのできることを誇りに思う。

二〇〇八年春

ジョン・ウィッテ

自由と家族の法的基礎　目次

デモクラシー

1　キリスト教とデモクラシー
――過去における貢献と将来の課題――

法とデモクラシーと人権に関する現代の多くの説明は、宗教的な思想や制度をほとんど考慮に入れていない。法律は、しばしば統治者によって公布された単なる規則や手続きと見なされ、永遠の法もしくは自然法のこの世における苦心の作とは考えられていない。民主的な統治者は、単に世論の代表者および人権の回復者と考えられ、神の副官あるいは神の正義の擁護者とは考えられていない。人権の規範は、正しい生活のための神聖な責務とは関係なく、単に良い生活への世俗的な主張と考えられている。もちろん現代の理論家たちは、信仰者たちに良心の自由と宗教の自由な実践が保障されなければならないということ、すなわち、宗教組織には共同体としての礼拝と法人組織が保障されなければならないということは認める。しかし従来の一般的な説明では、宗教は根本的に私的事柄であり、法と人権とデモクラシーの舞台ではほとんど建設的な役割を果たしていないのである。

この従来の説明では、法や人権やデモクラシーの、その当然の不可欠の宗教的な源泉と次元について、あまりにもわずかしか注意が払われていない。法は、本来、宗教の儀式や伝統や権威に根ざすものであり、その精神と実体を表現するために部分的に思想や制度や手段を活用するものである。人権をめぐる諸規範は、個人と共同生活についての意図的になされた抽象的な声明であって、個人と共同体に内実と一貫性を与える宗教的なヴィジョンに依拠している。デモクラシーは、本来、社会的組織体と政治的構造の相対的なシステムであるが、人々の必要を満たす一連の信念と価値が存在するということを前提としている。したがって、宗教を、単に私的な祈りの部屋や宗教的聖所に追いやったり、あるいは公共の生活や政治的事柄から外して考えたりすることはできない。どのような体制であれ、宗教は、法とデモクラシーと人権の当然かつ不可欠の協力者なのである。

この短い講演において、わたしは、憲法上のデモクラシーと人権と法治主義の発展に対してなされた、キリスト教というひとつの宗教的伝統の過去および将来における影響について検討してみたい。第一部は、デモクラシーの短い定義と、世界におけるデモクラシーの思想と制度の育成に対しキリスト教が果たした歴史的役割を扱う。第二部は、将来においてキリスト教とデモクラシーがそれぞれにもたらすであろう挑戦に関する短い考察を述べよう。

I　過去における貢献

「デモクラシー」は、安易なあるいは一般的な定義を許さない用語である。今日それは、おそらく、独特な社会的政治的理念ならびに制度を持つ体系として理解するのがよいであろう。デモクラシーの主要な「社会的」理念は、平等と自由、多元主義と寛容である。デモクラシーは、人の個人性と平等性と、人に生来備わっている生命・信条・表現の自由を承認する。デモクラシーは、人々の多様性を承認し、その多様な価値観、信念、ライフスタイルを許容する。デモクラシーは、人の相互依存性を承認し、家族、教会、学校、その他の団体の自由を認める。デモクラシーは、人の統治する能力と責任を承認し、公共の場への参加、政治過程における代表制度を保証し、行政当局と行政者を利用する権利を保証する。

デモクラシーの主要な「政治的」理念は、政府が制限され自己制限しなければならないということである。憲法によってであれ慣習によってであれ、行政官庁は、行政官と区別され、外部基準によって厳密に規定されなければならない。政治上の権力は、それぞれが他を制御する手段を有しながら、複数の部門に分散されなければならない。行政官は、限られた期間、任務のために選出され、かれらが代表している人々に説明義務を負い、人々がかれらを利用できるようにしておかなければならない。

かれらは、個人と諸団体の平等性、自由、多様性の促進に奉仕しなければならない。

デモクラシーのこれらの社会的政治的理念は、歴史的にさまざまな制度を実現してきた。すなわち、憲法もしくは成文化された公法の要諦、信教・言論・集会・出版の自由に関する憲章、独立した司法体制、刑事および民事訴訟における手続的権利の保証と保護、多数決原理と少数代表制の採用、普通政治選挙制、教育および社会福祉の制度、構造上のまた信条上の多元主義の承認、宗教・文化・言語上の団体の権利の保護、市場経済の尊重である。

しかしながら、デモクラシーには模範となる形式はない。デモクラシーの理念と制度は、異なる強調と異なる適用と異なる組み合わせで、具体化している。組み合わせの配列は、統治される共同体の慣習と信念によって決定される。成熟したデモクラシーは、始まったばかりのデモクラシーとは異なる。流血の革命から生まれたデモクラシーは、外交的利便性から生まれたデモクラシーとは異なる。異質的文化に根ざしたデモクラシーは、同質的文化に根ざしたデモクラシーとは異なる。デモクラシーが最小限要求することはごくわずかであり、それゆえその形式には融通性がある。

多くのデモクラシーの理念と制度には無視できない歴史的由緒がある。ギリシアの「ポリス」のような小さな歴史的共同体、カトリックの修道院、中世の大聖堂司教座参事会はみな「直接」民主制の原始的形式を実践した。ミラノの勅令（三一三年）から権利請願（一六二八年）にいたる法律文書は、自由、権利、特権、寛容について語っている。クレイステネスからアリストテレスにいたるギリシアの著作家は、自由とデモクラシーの美徳を誉め讃え、かれらの議論は多数の中世教会法学者、一般市民、学者たちによって繰り返された。しかしながら十七世紀以前には、デモクラシーのこれらの事例は偶発的かつ単発的であった。君主制および貴族的理論とその統治形態が国家と教会の両方を支配していた。デモクラシーは、ようやく十八世紀後半になって、市民政府および社会組織の正式な理論と形態として現れてくるのである。

ハーバードの政治学者、サミュエル・ハンチントンは「政治的民主化の三つの波」が近代世界の上に生じたと論じる。(1) イングランド、アメリカ、フランスそれぞれに起こった革命を基とする第一の波は、第一次世界大戦の勃発によってヨーロッパとイギリス連邦の三十以上の国々に押し寄せた。第二の波は、第二次世界大戦に続き、西ヨーロッパの多くの国々においてデモクラシーを回復させ、新しい民主政府をアフリカ、アジア、ラテン・アメリカのいくつかの国々にもたらした。第三の波は、一九七〇年代から、三十以上のアフリカ、ラテン・アメリカ、東ヨーロッパ諸国に押し寄せた。ハンチントンによると、政治的民主化のこれらの三つの波は「蓄積」されてきた。一つが機をとらえ足掛かりをつけ、他が前進させるのである。同時に、それらはまた「後退的」でもあり、常に反デモクラシー的反動と引き潮を経験してきた。

わたしの主張は、キリスト教的デモクラシーの衝撃の三つの波が、これら三つの政治的民主化の波を早め、それに伴って到来したということである。最初は、十七、十八世紀に主に西ヨーロッパ諸国およびその植民地で、政治形態に入り込んだプロテスタントの波であった。第二は、二十世紀の半ばの三十年ほどの間に、アフリカとアジアに浸透した宣教師の波と、ヨーロッパとラテン・アメリカに入り込んだキリスト教の政治的な波であった。第三は、第二バチカン公会議（一九六二―一九六五年）以降現れた動きであるが、主にラテン・アメリカ、東ヨーロッパ、いくかのアジア諸国で政変を達成したローマ・カトリックの波である。キリスト教的デモクラシーの衝撃のこれら三つの波は、その政治的類似物と同様、累積的で後退的であった。それらは、重要不可欠であるとさえいってよい刺激を三つの政治的民主化の波に与えてきた。

プロテスタンティズムは、キリスト教的デモクラシーの衝撃の「第一の波」をもたらした。なるほど、初期のプロテスタント宗教改革者たちが民主政治にほとんど共感していなかったことは事実である。マルティン・ルターとリチャード・フッカーは君主制に賛成していた。ウルリヒ・ツヴィングリとジャン・カルヴァンは貴族政治に賛成していた。ペーター・リーデマンとメンノー・シモンズは政治から完全に遠ざかった。かれらの初期の追従者たちは、不寛容、エリート主義、優位主義、迫害、奴隷制、宗教戦争等への積極的参加において悪名高くあった。しかし初期プロテスタントの人間と社会に関する教理は、とくにカルヴァン主義では、デモクラシー的要素にあふれていた。

宗教改革者たちは、初期ローマ・カトリックの教義に基づいて、人間は聖人であると同時に罪人であると教えた。一方で、人間は神のかたちに造られ、神への信仰によって義とされる。人間は特別な職業へと召されているが、それは尊厳と神聖さにおいて他のすべての職業と同等である。人間は、預言者、祭司、王であり、共同体において訓戒し、助け、治める責任がある。すべての人間は神と隣人の前で平等である。すべての人間は、生き、信じ、神と隣人に仕えるという本来の自由が与えられている。すべての人は、母国語で聖書を読み、教育を受け、職業に就き働く権利がある。他方、人間は罪深く、悪と利己主義に陥りやすい存在である。人間は、悪を思いとどまらせ、悔い改めへと後押しする法の規制を必要とする。人間は、法と愛によって訓戒し、助け、治めてくれる人々との関わり合いを必要とする。それゆえすべての人間は本来、共同体的な被造物である。すべての人間は家族と教会と政治的共同体に属しているのである。

家族、教会、国家というこれらの社会制度は、起源を神に持つ人間的な組織であると、宗教改革者たちは教えた。それらは神によって造られ、神の御心にかなう法令によって治められる。それらは神の前に等しく立ち、共同体において神の御心にかなう特別な役割を果たすように召されている。家族は、子供を育て育成し、教育し、鍛錬し、愛と協力の模範を示すように召されている。教会は、御言葉を語り、聖礼典を行い、若者を教育し、貧困者を助けるように召されている。国家は、秩序を守り、犯罪者を罰し、共同体を発展させるように召されている。起源は神にあるが、これらの制度は、人間の契約《コヴェナント》によって形成されている。そのような契約《コヴェナント》は、これらの制度の神的機能と創造された職務を承認する。そのような契約《コヴェナント》はまた、職務を行う行政官の罪深い行き過ぎから職務が守られるように、これらの職務を組織する。家族、教会、国家は、このように、お互いにまたそれぞれの成員に対して、利用可能で説明責任のある公共的な制度として組織されるのである。

後に、ヨーロッパおよびアメリカにおけるプロテスタントの集団は、これらの神学的教理を政治的形態へと具体化させた。人間と社会に関するプロテスタント教理は、民主的社会的形態へと具体化されたのである。すべての人間は神の前に平等であるゆえに、かれらは国家における神の政治的代理者の前に平等に立たなければならない。神はすべての人間に生活と信条に生来の自由を与えられたゆえに、国家は同様な市民の自由を保障しなければならない。神がすべての人間を預言者、祭司、王として召されたゆえに、国家は、共同体におけるかれらの言論、礼拝、統治の自由を保護しなければならない。神が人間を社会的被造物として造られたゆえに、国家は、社会制度の多元性、とくに教会と家族を、促進し保護しなければならない。プロテスタントの罪の教理は、民主的政治形態へと具体化された。行政職は行政官の罪深さから守られなければならない。権力は、自己抑制機能を持つように、行政部、立法部、司法部に分散されなければならない。行政官は行政職に任期付きで就くように選出されなければならない。法律は明確に法典に編まれなければならず、決定権はしっかりと守られなければならない。もし行政官が職務を濫用するなら、かれらに従う必要はない。もしかれらが濫用を続けるなら、たとえ力を用いてでもかれらを取り除かなければならない。

これらのプロテスタントの民主的教えは、当時としては革命的であり、「民主的諸革命の時代」の始まりを告げるものであった。[2] その教えは、十六世紀後半と十七世紀、君主制の圧制者に対して起こされた、フランスのユグノーやオランダの敬虔主義者やスコットランドの長老主義者の民衆暴動の背後で、それを駆り立てるイデオロギー的な力であった。それらは、イングランド、アメリカ、フランスにおける革命家たちの武器庫の重要な武器であった。それらは、十八世紀後半と十九世紀、西ヨーロッパおよびアメリカにおける偉大なデモクラシー構築時代を鼓舞し導いた重要な源泉であった。

もちろん、プロテスタンティズムは、十八世紀後半についに入り込んでくる政治的民主化の最初の波の唯一のイデオロギー的源泉ではなかった。デモクラシーの世俗的啓蒙理論も、時にプロテスタントの理論を薄め、時にはかき消しながら、この波の内を流れてきた。しかし、政治的民主化の第一の波の時期、民主化を採用した国の三分の二以上がほぼプロテスタント信仰の国であったのは偶然ではない。

キリスト教的デモクラシーの影響の「第二の波」が二十世紀半ばの三十年ほどの間に入り込んできて新たな国々にデモクラシーを広げ、また戦争で荒廃したヨーロッパにデモクラシーを回復するのを助けた。キリスト教内の二つの独立した運動がこの波を生み出した。一つはキリスト教の宣教師によるものであり、もう一つはキリスト教の政治活動家によるものである。

ヨーロッパとアメリカから派遣されたキリスト教宣教師が、アフリカにおける民主運動に触媒的役割を果たした。とはいえ、多くの宣教師たちが純粋なデモクラシーを説教し実践したわけでないことは事実である。植民地体制と植民地独立後の時代に、独裁政権という双方の好戦的政策について共犯者であった聖職者や教会もある。政治には関わらず魂のことだけに関わることを主張した宣教師たちもいた。また、西洋の理念とデモクラシー制度をアフリカ文化に押し付けようとした宣教師たちもいた。こうした問題にもかかわらず、キリスト教会とキリスト教の教えは、過去半世紀に開花し始めたアフリカのデモクラシーに肥沃な苗床を提供したのである。

キリスト教会は時に、アフリカ社会における自由地帯として役立った。多くのプロテスタントの伝道団は民主的に組織されていた。教会の権威は、牧師、長老、執事、教師に分散されていた。陪餐会員は、聖職者をその職務に選出し、選出された人から迅速な助けを得ることができた。教会は、共同体における貧民救済、教育、医療、社会福祉等のセンターとして役立った。教会が、青年グループ、女性のグループ、仕事仲間といった任意団体の形成に触媒作用をもたらした。教会が、政治的反対者のための避難所と政治改革と再生運動のための支持を提供した。そうすることによって、教会はアフリカにおけるデモクラシーのモデルと独裁制に対する砦を提供したのである。

キリスト教の教えは、行政官の力を低め、アフリカ文化における政治的被統治者の地位を高める助けとなった。多くのアフリカの宗教は、政治的支配者を、現在の秀でた権威としてだけでなく秀でた過去の解釈者として、また従わなければならない先祖の伝統の解釈者として「神聖化」していた。すべて人の権威は神の権威に従属し、神の権威よって権限が与えられるということを示すことによって、キリスト教は政治を「非神聖化」した。キリスト教はまた、人々に、かれら自身の言葉に翻訳された聖書が語る先祖の知恵を利用する道を示すことによって、政治的非統治者の「尊厳を認めた」。聖書はアフリカ人を、かれらの政治的支配者からも、キリスト教の宣教師からも解放した。聖書は、アフリカ人に、キリスト教の政治教義をかれら自身の伝承的知恵と結合する新しい信仰体系を生み出すための共通の出発点と基準点を与えたのである。

アフリカのデモクラシーはこの総合的な伝統から生まれた。それは、キリスト教および他の西洋のデモクラシー的伝統をアフリカの伝統に結合させたものである。多くのアフリカの慣習がデモクラシーの発展に貢献してきた。それには、共同体的な協力と参加と団結の強調、コミュニティー内における多様性の一般的な奨励と寛容、言論、自己表現、礼拝の自由についての長い伝統、土地と他者の活動への健全なる敬意、政治的支配者が被支配者に対して責任を負い、かれらを利用しやすくするという期待などがある。こうした結合が、一九四〇年代および一九五〇年代、多くのアフリカ諸国に強い民主的願望をもたらした。一世代後に、新しい民主政府は、最初にナイジェリアで、そののち徐々に、西アフリカおよび中央アフリカのいくつかの国々に誕生したのである。

アフリカにおけるこの宣教師運動と同じ時期に、プロテスタントとカトリックの政治活動家たちが、戦争で荒廃したヨーロッパにデモクラシーを回復し、海外へそれを広げる助けを担った。プロテスタントの政治活動家たちが、社会的福音運動と新カルヴァン主義の両方の鼓舞を受け、主にイングランド、スコットランド低地、スカンジナビアの各地域に現れた。カトリックの政治活動家たちは、主にネオ・トミズムの影響を受けて、イタリア、フランス、ポルトガル、スペインに現れた。プロテスタントとカトリック双方の政治運動は、主に信徒のグループによって担われた。両伝統とも政党を形成したが、そのほとんどは現在、国際キリスト教民主党運動の全般的な後援のもとで協力している。

プロテスタントとカトリックは双方とも、極端な還元主義者たちと、リベラル・デモクラシーおよびソーシャル・デモクラシーの社会的失敗と戦った。かれらは、リベラル・デモクラシーは個人のために共同体を犠牲にし、ソーシャル・デモクラシーは、共同体のために個人を犠牲にしたと考えた。両者とも、「社会的多元主義」あるいは「補完性原理」という伝統的キリスト教の教えに戻ったが、それは個人の、家族、教会、学校、ビジネス等の団体への依存と参与の強調であった。両者とも、共同体における個人の尊重と保護を国家が行う責任を強調した。両者とも、社会的、経済的、政治的権利の承認を要求して激しい運動を展開した。

これらのキリスト教民主的政党は、第二次世界大戦に続く民主化の始まりにおいて大変な影響力を行使した。それらは、ヨーロッパを悩ましていた全体主義思想とその政治組織を破壊するのを助けた。それらは、フランス、ドイツ、イタリア、イベリア半島の憲法改正においてその一翼を担った。それらは、チリ、ベネズエラ、ブラジル、その他の中央アメリカ諸国における新しい民主化運動の触媒作用を起こす助けとなった。それらは、一九四八年の世界人権宣言とそれに続く公民権、国政参与権、社会権、経済権、文化的権利に関する国際的契約《コヴェナント》の発展のために、エキュメニカルな組織と並んで、きわめて重要な提唱者となった。

キリスト教的デモクラシーの衝撃の「第三の波」は、第二バチカン公会議（一九六二―一九六五年）によってもたらされたローマ・カトリシズムの根本的変化をもって始まった。第二バチカン公会議以前、カトリック教会はデモクラシーから相当離れたところに立っていた。自由、権利、教会と国家の分離に関するデモクラシーの教えは、自然法、公益、補完性原理に関する伝統的カトリックの教説と真っ向から対立するものであった。教皇の回勅『レールム・ノヴァールム』（一八九一）と『クアドラジェジモ・アンノ』（一九三四）の社会的教説にもかかわらず、カトリック教会は、民主改革あるいは民主政権をほとんど受け入れることができなかった。カトリック教会は、カトリックが強いヨーロッパ、ラテン・アメリカ、アフリカの各地の国々を治めている独裁政権と政策をすばやく黙認していた。

ジョン・コートニ・マーレイ、ジャック・マリタン等の研究をもとに、第二バチカン公会議とその後継者は、デモクラシーに対するカトリック教会の態度を変革した。『マーテル・エト・マギストラ』（一九六一）から『センテシムス・アヌス』（一九九一）にいたる一連の全面的に新しい教義の声明において、カトリック教会は、伝統的に拒絶してきたまさにその同じ民主的原則を是認するようになった。第一に、カトリック教会は、人権と自由を承認した。すべての人は、「尊厳と知性と自由意志を持つ者として」神に造られ、「まさにその本性から直接かつ同時に生じる権利を持っている」と教会は教えた。(3) そのような権利には、生存と適切な生活水準、道徳的文化的価値、宗教活動、集会と結社、結婚と家族生活、さまざまな社会的・政治的・経済的利益と機会の権利が含まれる。教会は、良心、礼拝、集会、教育に関する宗教的権利を市民体制の第一の権利と呼んで強調した。教会はまた、個人と組織――とくに教会、家庭、学校を含む――に関する権利の均衡を取る必要を強調した。あらゆるところにある政府に、これらの侵すことのできない権利を実現かつ保護することができるような条件を作るよう勧めた。そしてどのような差別であっても――社会的なものであれ文化的なものであれ、性、人種、皮膚の色、社会的区別、言語、あるいは宗教に基づいたものであれ――根絶するように勧められた。第二に、その必然的結果として、教会は、憲法の範囲内で行われる立憲政治、国教制の廃止、教会と国家の分離を提唱した。宗教および文化の中に大きく広がっている多元化と、国家に支持される宗教に生来的に存在する危険のゆえに、そのような民主的形式の政府がどうしても必要となるのである。

第二バチカン公会議とその後継者はまた、デモクラシーに関するカトリック教会の行動をも変革した。第二バチカン公会議後、カトリック教会は、地方分権的になり社会的に活動的になった。地方の司教と聖職者には、政治的文化的問題に関係する教会の新しい教理をもたらすために、地方および国家の問題に参加するためのより大きな自治と刺激が与えられた。カトリック教会はそれによって、独裁政権の消極的共犯者から、民主的改革の強力な提唱者へと変わったのである。

カトリック教会は一九七〇年代初頭以来、急に現れてきた政治的民主化の第三の波における非常に重要な勢力であるが、それは教皇の声明と介入、および地方の聖職者の努力の両方によってなされている。ブラジル、中央アメリカ、チリ、ハンガリー、ポーランド、韓国、フィリピン等における新しいデモクラシーは、その鼓舞の多くをカトリック教会の教えと活動に負っている。もちろん、カトリックは、政治的民主化の第三の波の背後にある唯一のキリスト教的力ではない。ラテン・アメリカにおけるプロテスタントとペンテコステの急増や、東ヨーロッパとソビエト連邦におけるルター派、フス派、自由教会の伝統における政治的リバイバルもまた影響力を持っている。しかしながら、一九七三年以降に生まれた四十余りのデモクラシー政体のうち、三分の二以上が宗派としてはローマ・カトリックであるということは偶然ではない。

II　将来の課題

キリスト教とデモクラシーは、互いに補完し合う。キリスト教はデモクラシーに、自由と責任、個人と共同体への関心を統合する信仰体系を提供する。デモクラシーはキリスト教に、人間の尊厳と堕落、社会的多元主義と進歩への関心の間にバランスを取る統治体系を提供する。この相補性がキリスト教とデモクラシーを引き合わせた。それがキリスト教的デモクラシーの衝撃の三つの波と、政治的デモクラシーの三つの波の間の何らかの合流点へと導いたのである。

しかし、キリスト教とデモクラシーはまた互いに挑戦もし合う。デモクラシーは、キリスト教会の精神に挑戦する。一方、デモクラシーの信教の自由への傾倒がキリスト教に新しい機会を与える。かつてその内部に入ることができなかった独裁国が今やキリスト教の宣教師に開かれている。かつて近づくことができなかった権力の座が、今やキリスト教の影響に開かれている。デモクラシーは、それによってキリスト教会がその宣教と奉仕を広げるように挑戦する。他方、デモクラシーの宗教的中立性への傾倒は、キリスト教会が単独で「霊の戦い」を戦うように強いるのである。その教義を確定し、その道徳性を規定し、その聖職者を保護し、その宣教師を支援することによって、歴史的に国家はキリスト教を援助してきた。デモクラシーはそのようなえこひいきを禁じる。キリスト教は自らの足で立ち、他のすべての宗教と同等な立場とならなければならない。その生き残りと成長は、剣による強制ではなく、御言葉の説得力によらなければならない。法の力ではなく、信徒の信仰によらなければならない。デモクラシーは、それによって、キリスト教がその誠実さと粘り強さを強めるようにキリスト教に挑戦するのである。

デモクラシーはまた、キリスト教会の構造に挑戦する。教会は、共同体における自由と平等を説く一方で、自らの壁の内側では家父長制と位階制の秩序を永続させてきた。教会は、公の場では多元主義と多様性を主唱する一方で、その教会員には正統主義と画一性を主張してきた。デモクラシーの勃興でそのような言行不一致が明らかになった。デモクラシーの勃興は、教会統治により多く参加できる道を、教会規律からのより大きな自由を、教会の教理と礼拝の定義におけるより大きな許容範囲を、教区民が要求するように励ましてきた。このようにデモクラシーの勃興は、教会が絶えず、秩序と自由、正統主義と革新、教義と非本質的事柄の間にバランスを取るように挑戦してきた。

振り返ってキリスト教の側は、デモクラシーの精神と構造に挑戦しなければならない。一方で、キリスト教はデモクラシーがその範囲を広げるように挑戦しなければならない。現在の政治的形態の中で、デモクラシーは、平和と正義とより良い生活をもっとも期待できる制度である。デモクラシーは、迫害と貧困、差別と窮乏で苦しんでいる人々にもっともよく希望を提供する。デモクラシーは、神と隣人と自己を愛するためのもっとも大きな自由をもたらす。それゆえキリスト教は民主化を支持しなければならない。キリスト教は、独裁者を屈服させ、虐待を止めるためにその共同の力と道徳的勧告を用いなければならない。キリスト教は、全体主義の硬化した土を耕し、デモクラシーの種をまく助けをしなければならない。

他方キリスト教は、デモクラシーが自己改革するように挑戦しなければならない。すべての徳をもってしても、デモクラシーは完全な制度から程遠く、天の統治の地上における形態からも程遠いからである。デモクラシーは、人間が作ったものであって、はじめから不備なものである。デモクラシーは、その短い間に多くの偶像を蓄えてきた。進歩と自由の高慢なカルト、物質主義と科学技術への無批判な信念、不可知論とニヒリズムの自暴自棄的信仰などである。デモクラシーは、人間と自然資源を代替可能で使い捨ての経済単位に変えてしまう粗野な工業化を奨励する多くのことをしてきた。デモクラシーは、より良い生活を約束しながら、すでに貧しい人をさらなる貧困へと落とし入れ、すでに周辺にいる人をさらなる周辺へと追いやり、すでに搾取されている人をさらに搾取するために多くのことをしてきた。キリスト教は、デモクラシーの偶像を追い払い、デモクラシーが常に自己浄化し自己改革していくことができるように努力しなければならない。

デモクラシーが存続していくためには、そのような反対活動が必要である。というのもデモクラシーは、本来、思想と制度の相対的な体系だからである。デモクラシーは、常にデモクラシーを構築し、再構築し、改善するように挑戦する一連の信念と価値の存在を前提としている。キリスト教は、デモクラシーにそのような挑戦を与えることのできる唯一の信仰体系では決してない。しかしキリストを主として仰ぎ、キリストの完全な模範を持つキリスト教は黙していることはできないのである。

注

（1） Samuel P. Huntington, *The Third Wave Democratization in the Late Twentieth Century*

(Norman: University of Oklahoma Press, 1991.)〔サミュエル・P・ハンチントン『第三の波——二〇世紀後半の民主化』、坪郷實、藪野祐三、中道寿一訳、三嶺書房、一九九五年。〕

（2）R.R. Palmer, *The Age of Democratic Revolution: A Political History of Europe and America* (Princeton, NJ: Princeton University Press, 1959).

（3）John XXIII, *Pacem in Terris*〔教皇ヨハネ二十三世『回章「パーチェム・イン・テリス」——地上の平和』、岳野慶作訳、中央出版社、一九六八年〕para. 9, reprinted in Joseph Gremillion ed., *The Gospel of Peace and Justice: Catholic Social Teaching Since Pope John Paul* (Maryknoll, NY: Orbis Books, 1976), p. 201.

参考図書

John Witte, Jr., ed., *Christianity and Democracy in Global Context* (Westview Press, 1993).

John Witte, Jr. and Johan D. van der Vyver, eds., *Religious Human Rights in Global Perspective*, 2 vols. (Martinus Nijhoff Publishers, 1996).

John Witte, Jr. and Frank S. Alexander, eds., *The Teachings of Modern Christianity on Law, Politics, and Human Nature*, 2 vols. (Columbia University Press, 2005).

John Witte, Jr., *The Reformation of Rights: Law, Religion, and Human Rights in Early Modern Calvinism* (Cambridge University Press, 2007).

（藤原淳賀訳）

教会と国家の分離

2　山の上にある町をいかに統治するか
――アメリカの憲法、自由、教会と国家の関係に対するピューリタンの貢献――

一七六五年の「教会法と封建法に関する論文」の中で、ジョン・アダムズ（一七三五―一八二六）は、「良識ある」ニューイングランド・ピューリタンを擁護した。ピューリタンが頑迷で偏狭、「熱狂的で迷信的、かつ共和派的」であると片づけていた当時の「多くの当代の紳士」に対して擁護したのである。ピューリタンに対するそのような「嘲笑」と「下品な言葉」は、主として、流行していた「新光派」（new lights）の哲学と政治学の立場から出ていたのであるが、それらは「はなはだ不当であり、偽りである」、とアダムズは反論した。偏狭で頑迷な人物であるどころか、ピューリタンは「傑出した愛国者」であったというのである。というのも、ピューリタンこそ、「ヨーロッパにおいて見られる他のいかなるものよりも、聖書により一致した教会の統治形態と、人間性の尊厳により適合する国家の統治形態を樹立し、そのような統治形態を子孫に伝えた[1]」最初の人々であったからである、というのである。

アダムズがもっとも感銘を受けたのは、ニューイングランド・ピューリタンが教会と国家と社会の内部に、秩序ある自由と秩序正しい多元主義の総合的なシステムを創造したことであった。かれらのシステムの中核にあったのは契約《コヴェナント》の概念であり、かれらはその概念を神学的意味と社会学的意味の両方で用いた。ピューリタンにとって契約《コヴェナント》の概念は、人と神の間の関係だけでなく、教会と国家、市民社会における人々の間の多様な関係を描くものだった。これらの神との契約《コヴェナント》と人間同士の契約《コヴェナント》は、こうしたさまざまな関係の中で各人の宗教的、市民的権利と義務を順次、規定した。後期のいろいろな著作でアダムズは、このようなピューリタンの秩序ある自由と秩序正しい多元主義についての契約《コヴェナント》的理論を、十八世紀アメリカにおいて台頭しつつあった個人的自由と宗教的多元主義についての啓蒙主義的なさまざまな契約《コントラクト》理論の、批判的先駆者、類似物、代替物と見なすようになった。結局、アダムズは、この初期のピューリタンの契約《コヴェナント》理論を、自らが起草し、徹底的に擁護した一七八〇年マサチューセッツ憲法の中に組み入れるにいたったのである。

契約《コヴェナント》の自由

神と人類の間の神的契約《コヴェナント》という概念は、当初から西欧キリスト教神学の一部であった。聖書はこの契約《コヴェナント》に三一〇回——旧約聖書で二八六回（ヘブライ語のベリース）、新約聖書で二四回（ギリシャ語でディアセーケー）――言及している。古典的には、西欧キリスト教神学者たちは二つの聖書的契約《コヴェナント》を区別した。（1）行いの契約《コヴェナント》――これによって、選ばれたイスラエルの民は、神の律法への従順を通して、永遠の救いと祝福を約束される――と、（2）恵みの契約《コヴェナント》――これによって、選びの民は、キリストの受肉と贖いに対する信仰を通して、永遠の救いと幸いを約束される――である。行いの契約《コヴェナント》はアブラハムにおいて創造され、モーセにおいて確証され、律法（トーラー）の公布と受容で完成された。恵みの契約《コヴェナント》は、アブラハムに対して約束され、キリストにおいて創造され、福音において確証され、クリスチャンの告白と回心で完成された。幾人かの初期のキリスト教著作家も、教会を〈契約《コヴェナント》共同体〉として描いたり、キリスト教のサクラメントを恵みの契約《コヴェナント》の〈しるし〉とか〈象徴〉として描いたりしていた。しかしながら、全体としては、キリスト教の神学的伝統において、契約《コヴェナント》を取り上げて論じることは一般的ではなく、時折ついでになされる程度であったから、そうした論議は神と人類、罪と救い、律法と福音といった偉大な教理に付した脚注以上のものではなかったといえる。(2)

ピューリタンの著作家たちは、はじめヨーロッパで、次にアメリカで、契約《コヴェナント》をかれらの神学の枢要な教理の一つに作り上げた。早くも一五九七年、あるピューリタン神学者は、「神の言葉の全体は、何らかの契約《コヴェナント》とかかわりがある」(3)と記している。別のピューリタンはかれの学生たちに、「われわれが日ごとに諸君に教えていることとすべては、契約《コヴェナント》から引き出される結論にすぎない」(4)と知らせている。もう一人の指導的神学者は、契約《コヴェナント》の教理は「カテキズムの全体を包含する」、この教理と関連させずには「聖書のいかなる文脈もしっかり説明することはできず、神学のいかなる教理も正しく取り扱うことはできず、いかなる論争も正確に決定できない(5)」と記している。

ピューリタンは、人との神の契約《コヴェナント》関係に関する伝統的理解に、二つの刷新をもたらした。第一に、ピューリタンは、より参加型の行いの契約《コヴェナント》理論を展開した。伝統的には、行いの契約《コヴェナント》は、選ばれたイスラエルの民、およびその代表であるアブラハム、モーセ、ダビデとの神の特別な関係として取り扱われていた。それは、イスラエルを神の選びの民族として示し、かれらを神の国における特別な働き手として仕えるように召した。それはかれらに対して、神の律法の要求——神と隣人と自己に対するかれらの義務——を詳細に明らかにした。それはかれらに、神の律法への完全な従順と、神からの召しの完全な成就とを求めた。その代わりに行いの契約《コヴェナント》は、永遠の繁栄、祝福、救いを約束したのだった。

多くのピューリタン著作家にとって、行いの契約《コヴェナント》は、参加ないし目的においてそれほど制限的でなくなった。行いの契約《コヴェナント》は、ユダヤ人の代表であるアブラハムにおいて創造されたのではなく、全人類の代表であるアダムにおいて創造されたからである、というのである。それは、選ばれた人のみが参加する特権的関係ではなく、すべての人々が参加する自然的関係である、なぜなら、行いの契約《コヴェナント》は罪への堕落以前、世界の創造のときに樹立されたからである、とピューリタンは論じた。

「人類の契約《コヴェナント》上のかしら」であるアダムを通して、すべての人々がこの契約《コヴェナント》の当事者となった。アダムを通してすべての人々は、契約《コヴェナント》の約束と祝福をその威嚇と呪いと共に受け取った、というのである。

この堕落前に結ばれた行いの契約《コヴェナント》は、「人類に対する神の特別な憲章、被造物に対する神の摂理的計画」[6]である、とピューリタンは信じていた。行いの契約《コヴェナント》は、各人の人生における目標あるいは目的、神の摂理的計画の展開における各人の役割を明確にした。それは、友人関係と血縁関係、権威と服従といった基本的人間関係を制定した。それは、社会的、政治的、家族的、道徳的な生活と思想の基本的原理を確立した。それは、神との完全な交わりと人間間の完全な共同体とのための条件を創造した。あらゆる点でこの神の契約《コヴェナント》に留まることは永遠の命と救いを勝ち取ること、この契約《コヴェナント》を破ることは永遠の死と断罪を受けることとされた。[7]

アダムとエバの堕罪は行いの契約《コヴェナント》を破棄したわけではない、とピューリタンは論じた。それは行いの契約《コヴェナント》に対する人間の関係を変えただけである。人間の生を秩序づけ、統治するためにこの契約《コヴェナント》において提示された、神が創造された規範は、そのまま効力を持ち続けた。すべての人間はなお、神と契約《コヴェナント》関係にあった。しかしながら、かれらの罪のゆえにすべての人間は、創造時の規範に対する自分たちの視力を喪失し、自分たちの救いを勝ち取る能力を喪失してしまった。このようにして神は、堕落後に、人類の保証人また代表として、そのひとり子、イエス・キリストを送った、というのである。保証人としてキリストは、行いの契約《コヴェナント》のもとで各人が負った負債を償い、人がその罪のゆえに値した罰を負ってくださった。キリストは代表として、すなわち、「第二のアダム」として、神との第二の契約《コヴェナント》を取り決めた。それによって選びの民が、かれらの罪にもかかわらず、なお救いを受け継ぐことができる恵みの契約《コヴェナント》である。(8) この新しい恵みの契約《コヴェナント》は、古い行いの契約《コヴェナント》の諸要件を繰り返していた。しかし、古い契約《コヴェナント》と異なり、それは、人の救いの条件を、行いの契約《コヴェナント》が求める行いではなく、キリストに対する信仰とした。そして、この恵みの契約《コヴェナント》は、契約《コヴェナント》の諸要件を、人々の心と良心の中にだけではなく、聖書という書物の中に明らかにした、というのである。したがって、ピューリタンたちは、しばしば、聖書を〈契約《コヴェナント》の書〉、〈契約《コヴェナント》記録簿〉、〈契約《コヴェナント》的自由の書〉などと呼んだ。

第二に、ピューリタンは、伝統的な行いの契約《コヴェナント》を変更しただけでなく、伝統的な恵みの契約《コヴェナント》をも変更した。伝統的には、恵みの契約《コヴェナント》は、第一義的に、選びの民に対する神の憐れみに満ちた賜物として扱われた。神が契約《コヴェナント》の要件と義務を定め、その当事者とかれらの参加を決定した。人々は自分たちの罪の中にあって、恵みによる契約《コヴェナント》という神の賜物を要求したり、いったん契約《コヴェナント》が与えられた場合でもそれによって神を拘束したりすることはできない。人々は、ただ感謝をもってその契約《コヴェナント》を受け取ることができるだけである、とされた。それに対して多くのピューリタン著作家は、恵みの契約《コヴェナント》を、神と一人一人の人間の間の交渉による契約《コントラクト》として描くようになった。神の意志と人間の意志、という行為が、この契《コヴェナント》約を形成するために求められる。「自発的なへりくだり」（ウェストミンスター信仰告白の表現）を通して神は、救いの要件を提供し、その提供をし続けると約束する。信仰という自発的行為を通して、人は神の提供を受け入れる。いったん神と人とがこれらの要件を受け入れたならば、両当事者は、契《コントラクト》約によりその契《コヴェナント》約に拘束される。それぞれが、相手の誠実な遵守を迫ることができる。神は人に対して誠実な献身と奉仕を要求することができる。もし人がそれを拒むなら、神はその契《コヴェナント》約から解かれ、その人を自由に地獄に引き渡すことができる。しかし、人もまた神に対して、救いの約束のもとに留まるよう要求することができる。あるピューリタンは、「あなたは［神を］、記され証印されたかれの証文に基づいて告訴することができる」、「神はそれを拒否できない」、「主は長く延ばされるかもしれないが、拒否はなさらない。主は事をなされる。選択の余地はない。それはかれの契《コヴェナント》約の一部だからである(9)」と記している。伝統的には選びの民に対する信仰と救いという神の賜物として扱われてきたものが、後期ピューリタンの契《コヴェナント》約神学においては、契《コントラクト》約となった。伝統的には人々に対する神の契《コヴェナント》約に基づく誠実と理解されていたものが、人々に対する神の契《コントラクト》約に基づく義務となった。伝統的には選ばれた救いへの神からの不可抗的召しを人が信仰をもって受け入れることであったものが、神との契《コヴェナント》約関係を人が自発的に形成することとなったのである。

契《コヴェナント》約当事者の拡大と、救いの契《コヴェナント》約の要件の契《コントラクト》約化、その両方が、宗教的自由と宗教的多元主義についてのピューリタンの理解を拡大するのを助けた。はじめ、十七世紀ニューイングランドのピューリタンは、かれらの宗教的厳格さと狭量で名うてで、正統的な道からわずかでも逸れた人はだれであれ、全員を追放した。アン・ハッチンソン（一五九一—一六四三）、ロジャー・ウィリアムズ（一六〇四—一六八〇）を思い起こせば十分である。この初期のころには、ピューリタンたちは救いの契約《コヴェナント》を依然として、「神が固守する契約《コントラクト》」[10]のようなものと扱っていたからである。聖書の中に救いのために神が定めた契約《コヴェナント》の要件を、［ニューイングランドの］共同体は独特な仕方で解釈するようになっていた。すなわち、人は、こうした救いのための契約《コヴェナント》の要件を受け入れるか拒むかの自由を有するだけである、というのである。そうした意見は、ピューリタンの教理の偉大なニューイングランド人体系家サミュエル・ウィラード（一六四〇—一七〇七）が一六八二年に著した〈契約《コヴェナント》自由〉についての長大な論文に見て取ることができる。ウィラードは、だれもが「契約《コヴェナント》のあらゆる祝福に入り、それを享受する」「平等の権利」、「資格」、「請求権」、「自由」、「特権」を有する、と論じた。しかし、ウィラードが契約《コヴェナント》の標準的要件と条件すべてを詳細に説明し終えたころには、その契約《コヴェナント》に入る自由を得ていた人はほとんどおらず、契約《コヴェナント》に入ることができた少数の人に対しては自由がほとんど残されていないように思われた。[11]

しかしながら、十八世紀までに、一部のピューリタン著作家たちは、神と人々との間のこの契約《コヴェナント》関係を、より開かれた自発意志的条件から見始めていた。契約《コヴェナント》が多様なキリスト教信仰を持つ当事者に一層近づきうるものとされただけではない。神的契約《コヴェナント》自体の要件が、個人的な熟慮と刷新に対してより開かれたものとされた。初期ピューリタンの干城たるジョン・コットン（一五八四―一六五二）の曽孫にあたるイライシャ・ウィリアムズ（一六九四―一七五五）は、一七四四年この点を次のように述べた。「宗教問題においてはどの人も、自分自身の良心の命令に従う平等の権利を有する。だれもが、自分自身のために聖書を探求し、神の御心およびキリスト教の本質と義務について自分自身が知識を得るべく聖書を最大限に利用する不可避的義務のもとにある。そして、どのクリスチャンもそのように義務づけられているが、それだけでなく、かれは、聖書の意味と意義について判断し、それがかれをどこに導こうと自分の判断に従う奪うことのできない権利、さらには、世俗のであれ教会のであれ、いかなる支配者とも平等の権利を有している(12)」と。このような定式的表現は、十八世紀の年代が進むにつれてピューリタンの著作家の間でますますありふれたものとなった。こうした意見がニューイングランドの指導者たちを、聖書的契約《コヴェナント》の基本的要件に留まるバプテスト、アングリカン、メソジスト、その他のクリスチャンに対する一層の寛容へと導くのを助けた(13)。

こうした定式的表現から、ジョン・アダムズが起草した一七八〇年マサチューセッツ憲法のより包括的で寛大な宗教的自由の保障までは、ほんの一歩であった(14)。宗教の自由は、同憲法が保護した最初の権利に含まれていた。その憲法草案の提出にあたりアダムズは、われわれは「良心を自由にすることから」始めなければならない、なぜなら良心と宗教の権利は「争う余地のない、奪うことのできぬ、無効となしえない、神的なものだからである」[15]、と記した。それに従ってマサチューセッツ憲法第二条はこう規定した。「宇宙の大いなる創造者にして保持者たる至高の存在を公的に、定められた時に、礼拝することは、社会のすべての人々の義務であり権利である。公共の平和を乱したり、他の人々の宗教的礼拝を妨げないかぎり、いかなる人も、自分自身の良心の命ずるところにもっともかなう仕方で、またその時に、神を礼拝することのゆえに、あるいは、その宗教的告白ないし意見のゆえに、その身柄、自由、あるいは財産について傷つけられたり、苦しめられたり、拘束されてはならない」。第三条は、少なくとも暗に、宗教団体を形成し、自分自身の牧師を選び、直接かれに十一税を払う権利を承認していた。第四条は、宗教的自由の範囲の中に、「良心的に反対」していた宣誓をするのを免除してもらいたいと要求するクエイカーの権利を含んでいた。

アダムズは、宗教的多元主義の保護を、宗教的および他のさまざまな形態の自由の保護にとって、本質的なものと見なした。かれがトマス・ジェファーソン（一七四三―一八二六）あての手紙で述べているところでは、「ローマ・カトリック、イギリス人監督派、スコットランド人・アメリカ人長老派、メソジスト、モラヴィア派、アナバプテスト派（ママ）、ドイツ人ルター派、ドイツ人カルヴァン派、ユニヴァーサリスト［普遍救済主義者］、アリウス派、プリーストリー派、ソッツィーニ派、独立派、会衆派、巡回伝道派プロテスタントと教会堂中心派プロテスタント、理神論者と無神論者、何も信じていないプロテスタントは、しかし全員、一般的なキリスト教の原理と、一般的なイギリスおよびアメリカ的な自由の原理を教育されている」[16]。宗教的領域だけでなく政治的領域における「抑制と均衡こそ、ジェファーソン君、肉体の安全のみならず精神の進歩にとって、われわれの唯一の安全保障である。これらどの種のクリスチャンも、もし抑制されず、均衡のとれない権力を所有するなら、一つのセクトが他のセクトを迫害するのと同じぐらい理神論者を迫害するだろう。いな、理神論者はクリスチャンを、そして無神論者は理神論者を、クリスチャンがかれらを、あるいはお互いを迫害するのと同じほどの情け容赦ない残忍さで、迫害するだろう。人間本性よ、汝自らを知れ！」[17]。

契約《コヴェナント》神学は、確かに、平和を好むさまざまな宗教に宗教的自由を憲法的に保証するために用いることのできた唯一の議論ではなかった。しかし、ニューイングランド・ピューリタンにとって、契約《コヴェナント》神学は、秩序ある宗教的自由と、秩序正しい宗教的多元主義の理論のために強固な土台を提供した。行いの契約《コヴェナント》の対象範囲を拡大することにより、ピューリタンは、宗教的自由の領域をすべての人々へと拡大した。また、恵みの契約《コヴェナント》の要件を契約《コントラクト》化することによって、ピューリタンは、宗教的実践の範囲を拡大して、法によって確立された形態［教会］を特権的に扱うことをもはやしなくなった。しかし、宗教的自由の主張がすべて受け入れ可能だったわけではない。宗教的自由の保護を求める合法的主張は、神との契約《コヴェナント》――各人がこの神と契約《コヴェナント》をたとえどのように定義することを選ぶにしても――にある程度似たものの中につなぎとめられねばならなかった。合法的な主張者は、行いの契約《コヴェナント》によって教えられた神、隣人、自己への愛という自然的義務――各共同体がこれらの義務をたとえどのように描くことを選ぶにしても――のところに留まらねばならなかった。

自由の契約《コヴェナント》

ピューリタンは自分たち自身を、神とのかれらの関係で契約《コヴェナント》当事者としてだけでなく、お互いとの契約《コヴェナント》によって結び合わされている契約《コヴェナント》の民として見なした。これらのお互いとの契約《コヴェナント》の一つ一つは、自発的な人間の行為によって形成されるが、究極的には、行いの契約《コヴェナント》において明らかにされている規範と原理に基づいていた。これらの契約《コヴェナント》の一つ一つは、神の摂理的計画の中に位置、および存在の目的、を持っていた。

伝統的な契約《コヴェナント》神学に加えた自分たちの刷新に基づいて、ニューイングランド・ピューリタンは、以下の三つの契約《コヴェナント》を区別した。(1)社会的ないし共同体的契約《コヴェナント》、(2)教会的ないし教会契約《コヴェナント》、(3)政治的ないし統治的契約《コヴェナント》である。社会的契約《コヴェナント》は、全体としての社会あるいは国を創造した。政治的契約《コヴェナント》と教会的契約《コヴェナント》は、その社会の内部に教会、国家という二つの主な権威の座を創造し、教会と国家の権威は両方とも分離され、多元化された。社会的、教会的、政治的契約《コヴェナント》は、これら契約《コヴェナント》共同体の成員の自然的、宗教的、政治的自由を確認し、調和させた。

自然的自由と社会的契約《コヴェナント》

世界の創造のとき、神はすべての人間に「自然的自由」を付与し、かれらを「自然法」に服させた、とピューリタンは信じた。マサチューセッツ総督ジョン・ウィンスロップ（一五八八―一六四九）は、自然的人間は「単純に［かれの仲間の］人との関係の中にあり、自分が望むことをなす自由を有する。それは、善をなすだけでなく悪をもなす自由である」[18]と明言している。ある人の行為の悪徳、美徳のいかんは、自然法により決定されるが、神はその自然法をすべての人を拘束する行いの契約《コヴェナント》の中に書き込んでいる、とされた。[19]

しかしながらピューリタンたちは、「自然の声は、人類が」社会的契約《コヴェナント》に共に加わり、「さまざまな社会において共に暮らしている、とはっきり言明している」[20]と信じた。一方において、神は、自らが創造した自然的自由と自然法を維持するのに必要とされる秩序と安定を提供するために、すべての人々に対して社会を形成するよう招かれた。社会的強制なしの「（自然的）自由の行使と維持は、人々を一層悪くし、やがて野獣よりも悪くする」[21]とウィンスロップは記した。人々は互いを「食いものにし」、すべての人々の自然的自由を危険にさらす。社会はこのような自由を保障するのを助ける。さらに、自然状態において人々は、自然法に対する理解とそれへの従順の両方において、「弱さ、不能、不十分さ」にかかっている。[22]社会はこれらの自然法原理を再確認し、再強化するのを助ける、というのである。

他方において、より重要なことだが、神はピューリタンたちをとくに、新世界において神の摂理的計画を成就するのを助けるためにかれらの社会を形成するように招かれた、とされた。ピューリタンは、自分たちが神の「代理イスラエル」、新しく選ばれた神の民、[23]となるために神が自分たちと特別な契約《コヴェナント》関係に入られた、と信じた。この契約《コヴェナント》によりかれらは、「山の上の町」、「もろもろの国びとの光」、「異教徒の間におけるキリストの国のモデル」[24]となるべく召された。かれらは、敬虔な信念と価値、を保持し普及させること、敬虔な道徳とさらに重要なものとを取り入れ唱導すること、敬虔な従順へと自分たちと周囲のすべての人々とをかき立てることを命じられた。神はかれらに、もしかれらがかれらの契約《コヴェナント》上の課題に成功すれば平和と繁栄を約束し、失敗すれば死と断罪を約束していたとされた。[25]

ピューリタン入植者たちは、かれらの新しい共同体を形成するとき、神と互いの前にそのような社会契約《コヴェナント》に対する忠誠を誓った。有名な一六二〇年のメイフラワー盟約《コンパクト》はこううたっている。「神の栄光のため、またキリスト教信仰の発展……のため……最初の植民地を築こうと航海に乗り出したが、ここに神の御前において、この書類によって厳粛にお互いどうし相互に契約《コヴェナント》を交わし、自分たちの良き秩序と先に述べた目標を堅持し促進するために、自らを政治的な市民団体に結合することにした」[26]と。新しい町サレムの住民は一六二九年集会を開き、こう誓った。「われらは、主および互いと契約《コヴェナント》し、その祝されたる真理の言葉においてわれらに御自身啓示するのをよしとしたもうところにしたがい、かれの道すべてにおいて共に歩むことを、神の御前でわれら自らに義務づける[27]」と。その翌年、ジョン・ウィンスロップは、マサチューセッツ湾の新しい住民に対して、こう言明した。「神とわれらの間にかく大義がある。われらはこの働きのために神との契《コヴェナント》約の中に入っている。われらは授権状を取り出したが、［神は］そこに含まれている箇条の厳格な実行を期待したもうであろう[28]」と。このような社会的契《コヴェナント》約と盟《コンパクト》約が何百も、初期ニューイングランド・アーカイヴズ中に散在している。

こうした社会契《コヴェナント》約への参加は、全面的に自発的で、同意によるものでなければならなかった。ニューヘイヴンの創設者トマス・フッカー（一五八六―一六四七）は、こう記している。「自由な約束による以外に、相互の同意と交わりの成立という不可欠な絆はありえない。入ってくる者は、また、その社会の各メンバーに対し進んで自らを結びつけ、約束しなければならない。……さもなければ、実際のところかれはメンバーではない[29]」と。入ってくる個人と先にある共同体双方の自発的参加が本質的だった。そこの契《コヴェナント》約と文化に自分が賛成できない共同体に、何人も加入するのを強制されない。また、その人の確信あるいは行為に自らが賛成できない人を、いかなる共同体も受け入れ、あるいは住まわせておくことを強制されない、ということである[30]。

この契《コヴェナント》約に自発的に加入した人々は、共同体の慈善と規律の両方に服した。ピューリタンは、公的慈善に非常な重要性を置いた。博愛と公共精神が称賛された。吝嗇《りんしょく》と私的ぜいたくが軽蔑された。

ウィンスロップはこう言明した。「われわれは兄弟愛をもって互いをもてなさねばならない。常に目の前に、われらの授権状と働きをなす共同体、同じ体の肢体としてのわれらの共同体を置いて、互いを喜び、他の人たちの状態をわれわれ自身のものとし、共に喜び、共に悲しみ、共に労し苦しまなければならない(31)」と。これらは単なる説教に用いる決まり文句ではなかった。ニューイングランド・ピューリタンは、良きサマリヤ人主義を命じ、実行したのである。かれらは、困窮し、あるいは危険な状態にある隣人を援助しなかった住民を処罰した。かれらは、貧しい人々、高齢者、障害者のために救援システムを作り上げた。かれらは、専門教育、職業教育のシステムを確立した(32)。これは、今日の水準から見れば非常にささやかな社会福祉プログラムだが、当時の水準から判断すれば、きわめて度量のあるものだった。

ピューリタンは、公共の規律を一層重要視した。社会的契約《コヴェナント》は各共同体を「神の厳粛な保護観察のもと」と、「顕著な、(神による)審判(33)」の威嚇のもとに置くと信じた。この信念は、人間に関わるもっとも現世的なことも、宇宙的なものに移し変えた。ピューリタンは、社会的契約《コヴェナント》がかれらを神の働き手、神の摂理的計画の道具とされたというまさにその理由で、人生における、大志、質素、倹約、その他の美徳と考えられたものを強調した。かれらにとっては、熱意が冷め、規律が弛み、あるいはぜいたくに暮らすということは、神に仕えないことであり、社会的契約《コヴェナント》に違反することだった。このような契約《コヴェナント》違反は、戦争、疫病、貧困、その他さまざまな不可抗力の形で、共同体に神の断罪を必然的にもたらすとされた。共同体が常に「神の厳粛な保護観察」のもとに暮らしているというこの信念は、さまざまな説教の中にだけでなく、当時の多くの法律文書の中に反映されている。たとえば、一六七五年のマサチューセッツのある法律は、次のような言葉を、その厳格な規律の法典の序文としている。すなわち、「いとも賢く清き神は、過去数年にわたり、御言葉をもってわれらに警告してこられただけでなく、われらを鞭でこらしめ、多くの全般的（比較的小さなものだったが）裁きをわれらに下されたのであるが、われらは、御言葉にも鞭にも耳を貸さず、このようにして、われらの罪のゆえに全くへりくだり、罪を悔い改め、われらの生き方を改革し、修正するというなすべきことをしてこなかった(34)」と。

「神の厳粛な保護観察」へのピューリタンの信念は、社会の改革を常に最優先事項とした。かれらは、社会のあらゆる制度とあらゆる側面が契約《コヴェナント》的理想と適合していることを確実にしなければならなかった。このようにして、ピューリタン説教家たちは、こうかれらの聴衆を激励した。「あらゆる場所、あらゆる人、あらゆる職業を改革せよ。法廷、下級為政者を改革せよ。……大学を改革せよ。都市を改革せよ。郡を改革せよ。下級学校を改革せよ。安息日を改革せよ。神礼拝の諸規定を改革せよ。『わたしの天の父がお植えにならなかったものは、みな抜き取られるであろう』［マタイ一五・一三(35)］」と。

アダムズは、社会的契約《コヴェナント》についてのこの伝統的理論を一七八〇年マサチューセッツ憲法に非常に多く取り入れて起草した。前文は、繰り返しこの憲法に、人民と神の間の「契約《コヴェナント》」あるいは「盟約《コンパクト》」として言及する。「すべての人が共通の益のため法によって統治されるべきことを、人民全体が各市民と、また各市民が人民全体と契約《コヴェナント》する」。また、「マサチューセッツの人民は、かれの摂理の中でわれわれに、慎重かつ平和的に、偽り、暴力、あるいは驚かせることなしに、互いとの最初の、明白で厳粛な盟約《コンパクト》に入り、われわれ自身と子孫のために市民政府の新しい組織を形成し、かくも関心を引く企てにおけるかれの導きを信心をもって嘆願する機会を与えたもう、宇宙の大いなる立法者の慈しみを、心からの感謝をもって承認し、以下の権利の宣言ならびに政府の組織に合意し、それを定め、確立する」と。

この契約《コヴェナント》儀式の別の形が、公務員の宣誓式であった。アダムズは政府の組織第六章の中に、全公務員は憲法と国に対する十全の宣誓をしなければならない――単に私的にではなく、人民と人民の代表が出席した議会において、以下のように――という要求を書き込んだ。すなわち、「わたし、だれそれは、キリスト教を信じており、その真理に対する固い確信を持っていることを言明します。……そして、わたしは、この国に対する真の信頼と忠誠を持ち続けることを誓います」と。そのような宣誓をアダムズが強調することは、そうした宣誓は「社会を固めるもの」、「統治の主要な道具の一つ」である、なぜなら、それは「神に対する恐れと崇敬の念、および永遠に対する恐怖を呼びさまし、引き起こすから」(36)という伝統的な見解を反映していた。このような規定は、また、役職の宣誓は神、人民、かれらの支配者の間の契約《コヴェナント》を公的に確証するものである、というアダムズの見解を反映していた。これらの序文と宣誓についての規定は、ただ単に、憲法による統治という真の課題に先立つ、ちょっとした勧告的準備ではなかった。それらは、社会的契約《コヴェナント》の伝統的儀式を確立したものだからである。

アダムズはまた、一七八〇年憲法の中に社会的契約《コヴェナント》の伝統的道徳も書き込んだ。権利の宣言第二条は、「宇宙の大いなる創造者にして保持者たる至高の存在を公的に、定められたときに、礼拝することは、社会のすべての人々の」権利であるだけでなく義務である、と規定した。第三条には、この義務の理由が続けてこう述べられている。すなわち、「国民の幸福と市民的統治の良き秩序と保持は、本質的には、敬虔、宗教、道徳に依存している。そして……これらは、公的神礼拝と、敬虔、宗教、道徳の公的教育、とを制定するのでなければ、共同体全体に広くゆきわたらせることはできない」と。権利の宣言第一八条は、こうした道徳的義務の遵守を、公的役職と公務員の性格に不可欠なものとした。すなわち、「憲法の根本原理に繰り返し立ち帰ることと、敬虔、正義、温和、節制、勤勉、倹約の原理を絶えず遵守することは、自由の諸利益を保持し、自由なる政府を維持するために、絶対に必要である。人民は常に、自分たちの公職者と代表を選ぶ際に、これらの原理に特別な関心を払うべきであり、かれらは、国の良い運営に必要な法律の作成と執行に際してこれらの原理を絶えず、しっかりと守るよう、かれらの立法者と為政者に要求する権利を有している」と。宣言第七条によれば、それは、「政府は共通の益のために、すなわち、人民の保護、安全、繁栄、幸福のために、構成される」。そして政府の組織第五章は、「人民の諸権利と諸自由の保持のためには、人民の集団の中に広く存在する美徳ならびに英知と知識が必要である」と規定している。

社会的契約《コヴェナント》のこの双児の目標――自然法と自然的自由を維持することと、慈善と規律の理想的共同体を作り上げること――は、法と権威の制度なしには実現できなかった。教会と国家は、法と権威の二つの主要な道具である、とピューリタンは信じていた。神はこの両方の土台を行いの契約《コヴェナント》の中に据えておられ、その自然的土台の上に、教会と国家の新しい契約《コヴェナント》が建て上げられねばならない、と考えられたのである。

宗教的自由と教会契約《コヴェナント》

カルヴァン主義の常識に従ってピューリタンは、神は御言葉の霊的権威を教会に与えた、と信じていた。教会は、福音を宣べ伝え、サクラメントを執行し、青少年を教え、不正に反対して預言し、貧しい者と困窮している者の世話をする権能を有した。そのようなさまざまな活動により教会は、共同体の全メンバーを、慈善と愛という自分たちの契約《コヴェナント》上の責任に対するさらなる理解へと導くことになっていた。教会はまた、自分自身の統治機構を作り上げ、自分自身の教理を明確にし、罪を犯した自分自身のメンバーに戒規を施す――教育、破門、陪餐停止などの霊的手段を用いて――などの権能も有するとされた。そのようなさまざまな活動により教会は、自然法とそれを支える神的権威を確認し、再強化するとされた。(37)

ニューイングランド・ピューリタンは、会衆派的教会理解を持っていた。各会衆派教会は、神と、同じ精神を持つ信者たちとの間で結ばれた自発的な契約《コヴェナント》によって構成された。この契約《コヴェナント》により、これらの信者は、神とお互いに対して、神の諸規定を維持し、教会の特別の召しを果たし、教会の内部で権威を持つようになった人々に服することを誓った。あるピューリタン文書［ケンブリッジ綱領］には、こううたわれている。「召された聖徒たちは、自分たちの間で一つの目に見える、統治的結合を持たなければならない」。「公に告白した信者たちの一団は教会組織的に同盟し(38)」なければならない。「この形態とは、それによってかれらが、同じ団体の中でキリストの諸規定を共に遵守するため自分たち自身を主に明け渡す［ことを約束する］、目に見える契約《コヴェナント》、合意、もしくは同意であり、これは普通、教会契約《コヴェナント》と呼ばれる。なぜなら、こうしなければ、どのようにして教会員が教会の権能を相互にお互いに対して持ちうるか、われらにはわからないからである(39)」と。

ピューリタンの会衆派教会の多くは、はじめに教会を形成するときと、あとで教会に新しいメンバーを受け入れるときの両方の機会に、このような契約《コヴェナント》に対して誓いをした。一六四七年のウォータータウン契約《コヴェナント》＝信条には、次のような典型的な言葉づかいが含まれている。「われわれは、神の民は、神との一般的な契約《コヴェナント》のほかに、また、相互との教会契約《コヴェナント》に共に加わり、神の具体的な教会組織・

王国・目に見える家族・家庭を樹立すべく、神の民の一部との具体的結合に入るべきである、と信ずる。それは、一つの場所で、正しい仕方で、規律とキリストの公的諸規定を執行し、神の、目に見える王国と臣下としてそこで神とキリストを礼拝し、その目に見える王国の教理と規律において、神と神の民との交わりを保つことにより、キリストの規定とかれの契約《コヴェナント》の約束のそのような祝福を求めて、その場所でキリストに仕えるためである。……われわれは、今ここに、人々と天使たちの前で、われらを助ける神の恵みにより、主を選び、主に仕え、すべてかれの道に歩み、主の戒めと規定をすべて守ることを堅く約束するものである」(40)。これらの教会契約《コヴェナント》が、教会役員の形と機能、および教会区民の権利と責任を詳細に規定した会衆派教会憲法の核を成していたのである。

政治的自由と政治的契約《コヴェナント》

教会に御言葉の霊的権能を与える一方で神は、国家に剣の現世的権能を与えた。「この世の支配者は、この地上における神の副官である」(41)、とピューリタンは信じていた。支配者は、神の威光と権威を反映し、代表すべく召されているとされた。かれらは、神の正義、憐れみ、規律、慈善の模範を示すものであった。政治的支配者は、神と人々とかれら自身の間で結ばれる三当事者契約《コヴェナント》により、かれらの職務に就かせられた。この契約《コヴェナント》により支配者たちは、かれらの政治的職務に対する神の命令を受け取った。人々の方では、今度は、神と支配者に対して、この支配に感謝してこれに従い、法律を受け入れ、尊重することを誓ったのである。[42]

政治的公職者は、この政治的契約《コヴェナント》のもと、三つの特別な責任を負った。第一に、政治的公職者には、国家の実定法の中に自然法を取り入れ、適用することが求められた。ピューリタンは、カルヴァン主義者の常識に従い、しばしばこの自然法を十戒と同一視し、そのようにして、為政者を十戒の両方の板の管理人として描いた。[43] 国家の実定法はこのようにして、十戒の第一の板に基づき、人々と神との間の関係と、第二の板に基づき、人々同士の間の多様な関係との両者を治めるものとされた。第一の板の権威に基づいて、政治的公職者は、あらゆる形の、偶像崇拝、魔法、神聖冒瀆、虚偽誓約、安息日違反を罰すべきであった。[44] また、第二の板の権威に基づいて、政治的公職者は、権威に対するあらゆる形の不従順、他人の身柄ないし財産に対する一切の侵害、あらゆる姦淫、売春、他の性的非行、他人に対するあらゆる不誠実、偽証、その他の欺瞞を罰すべきであった。[45] 自然法に根ざし、それを反映している実定法だけが合法性と権威を有する、とピューリタンは信じていた。

政治的公職者が自然法を保護しようとするこうした関心は、十七世紀の初期イングランド法典の多くに顕著である。有名な『ニュープリマス一般的法と自由の書』（一六五八）の序文に、典型的な表現がある。「神は、混乱のでなく秩序の神であるから、その御言葉において良い、健全な法律を命じたまい、人に対して、ある程度、それらを遵守し、それらに導かれる能力を与えられた。それらの法は、神の律法の古くからの基準から引き出され、それに合致する程度に従って、良く、健全である。

それらの法律は道徳的公正の主たる要素に基づいているとき、きわめて模範的であるので、すべての人、とくにキリスト教徒は、かれらの政治的憲法を作成する場合、常にそれらに目をとめるべきである[46]」。

第二に、政治的公職者には、かれらの臣下の自由と権利を守り、促進することが求められた。ある指導的ピューリタンは、「支配者のために人民が作られているのではなく、人民のために支配者が作られているのだ[47]」と記した。神は支配者たちを権威につけ、人民は「自然状態[48]」ではかれらの手に入らない「この世の幸い」を得るためにその権威に服したのである。そのような「幸い」は、「人々が妨害や抑圧なしに、かれらの自由と権利を享受できるとき」、また、「かれらが暴力から守られ、かれらに損害を与える人々に対して不正手段を用いずに救われることができ、かれら自身の仕方で神に仕えるよう奨励されるとき[49]」、初めて存在しうるとされた。

政治的公職者が実定法により臣下の自然的自由を保護しようとするこうした関心は、聖書的律法主義だとしてしばしば揶揄嘲弄される初期ニューイングランドの法典においてさえ顕著だった。この原理のもっとも有名な言明が、「マサチューセッツ法と自由」（一六四八）の冒頭の言葉に出ている。「人道、礼儀、キリスト教が、各人の地位と割合にふさわしいものとして求める自由と免除と特権の自由な成果は、過去においても将来においても常に、告発と侵害のない、教会と国の平穏と安定であり、それらの否定ないし剝奪は、たとえ教会と国の破滅ではないとしても、その両者の騒擾であるゆえ、以下のように定めることとする。すなわち、植民地総会により確立され、十分に公布された当該事項を保証するわが国の何らかの明白な法の効力ないし権利、もしくは、特定の事例で法に欠陥がある場合には神の言葉によるのでなければ、何人の命も取り去られてはならず、何人の名誉あるいは名声も汚されてはならず、何人の身柄も逮捕、拘留、追放、切断されてはならず、また、いかなる仕方でも処罰されてはならず、何人もその妻あるいは子らを奪われてはならず、何人の財あるいは資産も本人から取り去られてはならず、また、いかなる仕方でも、法の装いや当局の支援のもとに、損なわれてはならない[50]」と。

第三に、政治的公職者は、社会的契約《コヴェナント》により命じられる恒久的改革の触媒であり、闘士であるべきである、とされた。サミュエル・ウィラードは、「改革の仕事は、もし支配者がそこで主導しなければ初めからだめで、何の役にも立たない[51]」と記している。公職者は、その模範により、その権威により、その法律によって、共同体に、共同体が社会的契約《コヴェナント》において同意していたさまざまな契約《コヴェナント》上の理想に到達し、それらを保持するようにさせることが求められていた。この命令はしばしば、法自体が恒久的に改められ、修正されることを求めていた。「法の改革、世の改革のためのさらなる法、これこそ是が非でも求められているものである[52]」。

教会と国家の分離と協力

教会と国家の分離という神学的教理は、教会的契約《コヴェナント》、政治的契約《コヴェナント》の教理と足並みをそろえて進んだ。ピューリタンは、教会と国家を、二つの別個の契約《コヴェナント》的団体、社会における神的権威と権能の二つの同格の座、として考えた。それぞれの制度が、特有の召しと責任を持っていた。それぞれが特有の統治機構とやり方を持っていた。マサチューセッツ法と自由の序文には、「われわれの教会とこの世の国家は（双生児のように）植えられ、育てられてきた」、これら二つの制度を混合することは「両者の悲惨（たとえ破滅ではなくとも）[53]」となるであろう、とある。

ピューリタンは、教会と国家の団体と活動をこのように基本的に分離するのを確実にするため、種々の防衛手段を採用した。教会の公職者は、政治的職務を保有すること、裁判に関わること、統治上の事柄に干渉すること、政治上の候補者を推奨すること、あるいは、教会の教会区員でもある政治家の公務上の行為を譴責すること、を禁じられた。政治的公職者のほうでは、牧師の職務を保持すること、教会内部の統治に干渉すること、聖職者の聖なる機能を果たすこと、あるいは、国の一市民でもある聖職者の公務上の行為を譴責すること、を禁じられた[54]。教会もしくは、国家の側でのそのようなおせっかいを許すことは、「キリストが区別された管轄権を混同させるであろう[55]」とウィンスロップは断言している。

教会と国家は混同されてはならないが、しかしそれらは、なお、「近くて緊密[56]」でなければならないとされた。ピューリタンにとってこれら二つの制度は、本性においても機能においても、解きはなちがたく結ばれていたからである。それぞれが神の権威の道具であった。それぞれが、共同体の契約《コヴェナント》上の理想を確立し、維持するためにその役割を果たした。ユーリアン・オウクス（一六三一―一六八一）は、次のように記している。「わたしはこれを地上におけるキリストの輝かしい御国の小さなモデルと見なす。キリストは、教会においてだけでなく国においてわれわれの間で統治され、かれの輝かしい関心は、両方の社会それぞれの善に関わり、それで包まれた」。このようにして、「国における義と教会における清さに対する関心は不可分である。教会と国の繁栄は一緒により合わされている。片方の糸を切ってみよ。そうすれば他方も弱くなり、切れてしまう(57)」と。

教会と国家という制度をそれらの核心の形態と機能において互いから分離しておきながら、しかも、両者の協調と協力を促進するためさまざまな法律と政策が定められたのは、そうした議論の強さに基づいてであった。国家は、会衆派教会とその公職者に対してさまざまな形の物質的援助を提供した。集会所、牧師館、学校、孤児院、教会の働きに用いられる他の建物を建設するために、さまざまな教会グループに対して公的な土地が寄付された。会衆派の牧師、教師を支えるためには、十一税、教会税が徴収された。会衆派教会が運営する宗教や、教育、慈善の団体の一部に対しては、税の控除、免除が認められた。会衆派の宣教師に対しては、特別な補助金と軍隊による保護が提供された。

国家はまた、「人民が健全でしっかりとした教理で養われる」ことを確実にし、「諸教会の秩序と交わり[58]」を保持するため、さまざまな形の道徳的支援を提供した。安息日法は、日曜日と祝祭日における一切の形の不必要な労働と野卑な娯楽を禁じた。それらの法律はまた、礼拝への忠実な出席を求めていた。神聖冒瀆法は、一切の形の虚偽の誓い、汚らわしい言葉、「説教された御言葉もしくはその説教者に対する」不遜な言動を禁じていた。偶像礼拝法は、さまざまな形の聖物窃取、魔法、妖術、呪術、錬金術、その他「偽りの神々」を呼び出す呪文に対して、制裁規定を設けた。宗教団体法は、すべての新しい教会に「為政者の承認」を獲得することを求め、すべての「分派的」教会には為政者の「矯正権[59]」に服するよう求めた。

これに対して教会のほうは、国家に対してさまざまな形の物質的援助と便宜を提供した。教会の集会所は、宗教行事をするためだけでなく、タウンの住民集会、政治集会、公的競売を催したり、教育や職業訓練のクラスを設けたり、地域図書館を入れたり、出生、結婚、死亡の証明書だけでなく、課税用統計記録を保管するために用いられた。牧師館は、牧師とその家族を住まわせるためだけでなく、また、孤児と寡婦、病人と高齢者、虐待と災難の犠牲者、そして他の国家の保護下にある人々を泊まらせるためにも用いられた。

教会はまた、国家に対してさまざまな形の道徳的サポートを与えた。教会は、当局への従順を説教し、「重大な」罪を犯していることが明らかとなった教会区民には、霊的手段により戒規を施した。教会は、その教会区民に対して政治に積極的に参加するよう奨励し、毎年、キリスト教の政治原理について「選挙日説教」を行った。これらの牧師はまた、神的法の求めることについて学識ある助言をし、しばしば、新しい法律の起草やとくに面倒な道徳上の問題を起こす事例の解決に参加するよう求められた。

抑制と均衡

教会と国家の分離と協力というこの均衡を強調する以上に、ニューイングランド・ピューリタンは、教会と国家それぞれにふさわしい統治形態を作り上げることにおいて非常に実際的だった。かれらは、かれらの統治構造が聖書で命じられているとか、神の霊感を受けている、といった主張をまずしなかった。ジョン・アダムズはこう記している。「憲法作成の奉仕にたずさわる者ら」は、「神々に会ったとか、いささかでも天の霊感を受けた」と言い立てることはできない、「政府はまったく理性と五感の使用によってのみ考案される」、憲法は「人間の生と習慣、社会と統治についてなされる実験にすぎない[60]」と。もう一人のピューリタンの指導者は、次のように記している。「法には栄光ある不確実性[61]」が常にある。「私は、神御自身がいかなる人に対してであれ、その考えと意志を明らかに啓示することにより、直接、じかに定めた特定の統治形態があるのを知らない。……全能の神は――国民の性質、気質、性向、習慣、風習、商売、その他の諸事情を十分に考慮した上でかれらにとって最善と考えられる形態を樹立することを、各民族と国において、人類の自然的理性に委ねておられる[62]」と。

しかしながら、人々の「本性、気質、性向」に常に存在する要素は、かれらの罪性であった。どの人も自らのまさに本性により、堕落した、罪深い、頽落した被造物である、とピューリタンは信じた。一人のニューイングランドの指導者は記している。「罪が人間本性を損なってしまい」、人々を「手に負えぬ欲望」「奔放な情熱」「自分自身を宣伝し、自己を喜ばせようとする絶えざる努力[63]」へと駆り立てている、と。

このような放縦と利益追求への誘惑は、教会と国家の公職者の間でとくに強く、危険であるとされた。一人のピューリタン指導者は、「権力は人を陶酔させるもので、乱用されやすい[64]」と記している。多くの公職者がかれらの腐敗した本性に屈し、「かれらの隣人に対して尊大にふるまい、隣人の卑屈な追従を強要し、隣人から略奪で得た戦利品で自らを富ませるため以外に自分たちの高い地位を用いない[65]」とされた。そのような公職者の勝手気ままと乱用は、必然的に、人民の蜂起と神による制裁の両方となるであろう。そのためニューイングランドのピューリタンは、教会だけでなく国家の専制に対してもさまざまな安全措置を唱導し採用した。

第一に、ピューリタンは、すべての公職者は、かれらの生得的な罪深さにもかかわらず、できるかぎり「敬虔な性格」を持たねばならないと主張した[66]。公職者は、共同体に対して霊性と道徳の模範となるべきだということである。かれらは、地域の会衆派教会の公に信仰を告白している会員であり、かれらの役職を引き受けるにあたっては、神への忠誠の宣誓をしなければならなかった。かれらはまた、勤勉、高潔、丁寧で、権威を持っており、狡猾さ、不正のない人であるべきだった。サミュエル・ウィラードはこう記している。「かれらの手本そのものが、その中に法の力を有し、力強い魅力により多くの人を、罪を避け、義を行うことへと勝ち取るであろう。……かれらの誠実な施策はかれらを、悪を行う者への恐怖、善を行う者への励ましとするであろう(67)」と。

第二に、ピューリタンは、教会と国家の公職者はいずれも、限定された在職期間だけかれらの役職に就くべきである、と主張した。終身在職は危険すぎる、とピューリタンは信じていた。終身在職は、自分の役職を自己利得と自己権力拡大の手段にだんだんと変えてしまう機会を公職者に与えるからである。そうするよりも、公職者の在職期間を限定し、公職者を定期的に交代させるようにすることが、もっと安全だとされた(68)。

第三に、ピューリタンは、教会と国家両方のために、かれらが自己-制限的「共和制の」統治形態を作り上げることを唱導した。あらゆる形の権威をただ一人の人間ないし役職に統合するよりも、別々の形ないし分野の権威が、それぞれ他の権威の行き過ぎを抑制する権限が与えられるべきである、とピューリタンは主張した。そのような権威の分割と分散なしでは、「われわれは最後には、教会には教皇制、国家には君主制を見いだすことになる(69)」と、ある説教者は語った。このようにして、教会統治は、牧師、長老、執事の役職の間で分割された。どの役職も会衆の中で独自の責任を持ち、いずれも他の役職に対してある程度の権威を持った(70)。政治上の統治は、行政的、立法的、司法的役職に分割された。それぞれに役職は国において独自の責任を有していた。それぞれが他の役職に対して一定の権威を持った。

第四に、ピューリタンは、「為政者が自分たちの裁量に従って事を進めないように」[71]、法典と明確な制定法を作り上げることを唱導した。ジョン・ウィンスロップやジョン・コットンのような初期植民地時代の指導者たちは、法典に編まれた法は、為政者が「時に応じて、神の正義だけでなく神の知恵と憐れみ」[72]に従うのを妨げるゆえ、自分たちにとっては不公正であるとして抵抗していた。思慮分別に頼ることに反対するトマス・フッカーのような人々は、それを「安全と承認両方を欠くやり方で、専制に、また、そうした混乱にいたる道である」[73]と考えた。しかし、それでも法典化の支持者は広がっていった。ピューリタンは入念な法典を作り上げ、日常茶飯事の細々としたことまで徹底的な法規制に服させるようになったのである。

第五に、ピューリタンは、かれらの言う「フェデラリスト」(foedusはラテン語で契約《コヴェナント》)の統治機構を教会と国家の双方のために採用した。教会は、半-自律的各個教会に分けられ、それぞれの各個教会は牧会、教育、奉仕の権威を持つそれら自身の内部機構を有するが、しかしそれぞれは、民主的に選出されたシノッドとアッセンブリーにおいて緩やかに結合されていた。国家は半-自律的なタウン政府に分けられ、それぞれのタウンは行政、立法、司法の権威を持つそれら自身の内部機構を有するが、しかし、より広範囲の植民地と後の国家の政府において結合されていた。

最後に、ピューリタンは、教会と国家両方の公職者の「民主的選出」と、中間の時期における定期的な教会とタウンの集会を唱導した。ウィンスロップやコットンのような初期植民地指導者たちは、法典化に反対したのと同じほど激しく、デモクラシーにも反対した。「デモクラシーは、あらゆる統治形態の中でもっともつまらぬ、最悪のものである」[74]とウィンスロップは断言した。同じようにコットンも、デモクラシーは「教会もしくは国にふさわしい統治」ではない、「もし人民が統治者だとしたら、一体統治されるのはだれか」[75]、とコットンは論じた。しかしながら、他の植民地指導者たちは、「選挙はわれわれの統治の土台である」[76]と主張した。他方、神は、共同体の契約《コヴェナント》上の理想をもっとも良く維持する公職者を選出するために民主的選挙をお用いになる、とされた。このようにして、フッカーは、「人民のものである選挙という特権は、かれらの気まぐれに従ってではなく、神の幸いなる御心と律法に従って行使されねばならない」[77]と記した。他方、人民は、独裁的、専横的、強欲な支配者たちに対して自らを守るために選挙を用いるのであるとされた。「公職者と為政者を任命（あるいは選挙）する権能を有する者らは、また、かれらがそれらの人々を招く権能と場所の範囲と限界を設定する権能を有する」[78]ということである。

教会と国家の公職者双方が、植民地では民主的に選挙されるようになった。各個教会の陪餐会員は、単純な多数決で、教会で仕える牧師、長老、執事について投票した。[79]タウンと国の住民は、単純な多数決で、それぞれかれらの行政、立法、司法の公職者のために投票した。[80]そのような民主的な選挙と選挙の間に、ピューリタンは、定期的な民衆の集会を持った。タウン集会は、公職者が自分たちの行為について説明し、住民が自分たちの関心事について意見を言うために招集された。各個教会の集会は「教会の教理、礼拝、あるいは統治の問題について何か疑念や良心問題がある場合、それらについて話し合い、解決する」(81)目的のために招集された。

アメリカの立憲主義と宗教的自由のピューリタン的苗床

契約《コヴェナント》の自由と自由の契約《コヴェナント》についてのこうしたピューリタンの教説は、後のアメリカの立憲主義が成長してくる一つの肥沃な苗床であった。十七世紀にピューリタンにより展開された基本的な憲法理念と制度の多くが、十八世紀にしっかりと残っていた。これらの理念と制度は、ピューリタン説教者および政治的保守派によって元々の形のまま採用されただけでなく、ピューリタンの信念を少しも受け継いでいなかった人々によって名残の形で採用された。

ピューリタンの憲法理念は、十八世紀後半と十九世紀に政治思想上の啓蒙主義的自由主義と市民的共和主義諸派の間に生き続けた。種々のタイプの啓蒙主義的自由主義者は、自然的人間と自然法というピューリタンの理念の中に、自然状態と自然的自由という理念のための重要な資料と類比を見いだした。かれらは、社会的契約《コヴェナント》と政治的契約《コヴェナント》というピューリタンの理念の中に、社会的契約《コントラクト》と政治的契約《コントラクト》の理論のための素朴な原型を見いだした。かれらは、教会と国家の分離の教理の中に、非国教化と自由な宗教実践という理念のための土台を見いだした。[82] それに対して、種々のタイプの市民的共和主義の著作家たちは、「神による厳粛な保護観察」下にある選ばれた国民というピューリタンの理念を、神の霊感下にあるアメリカ・ナショナリズムという革命的理論に作り変えた。かれらは、契約《コヴェナント》共同体というピューリタン的理念を、公共的美徳、規律、秩序の理論に作り直した。かれらは、霊的再生と改革についてのピューリタンの強調を、「道徳的改革」と「共和主義的復興」[83]に対する一般的呼びかけへと翻訳したのである。

一部のピューリタン的憲法制度も同様に、十八世紀後半と十九世紀初期の新しい連邦および州の憲法の中で生き延びた。それは、ピューリタンが憲法制定議会の大多数を占めたマサチューセッツや他のニューイングランド諸州においてだけではない。多くの州憲法において、政治的支配者は、道徳的で有徳かつ敬虔な性格を明らかに見せることと、たとえキリスト教の神でなくとも有神論的な信念を証言する誓約をすることが、なお求められていた。ほとんどの公職者は、かれらの役職を目指して民主的選挙に立候補することが求められた。政治的公職者は、多くの州で、限られた在職期間しか持っていなかった。政治的権威は、行政、立法、司法の部門の間で配分され、それぞれの部門が他の二部門を抑制する権威を有していた。市民の自由は、言葉を尽くして列挙された。教会と国家は分離されていたが、しかし、協力することが許されていた。

ジェームズ・ブライス（一八三八―一九二二）は、かれの画期的な研究書『アメリカ共和国』にこう記している。「アメリカの政治と憲法は、カルヴァンの神学とホッブズの哲学に基づいている、と言った人がいる。少なくとも、一七八七年の文書に浸透している人間本性についての見方の中に旺盛なピューリタニズムがある、という意味で、それは真実である。それは、原罪を信じ、違反者たちに対しては、閉めることが自分たちに可能な扉であれば開けたままにはしておかない、と決めていた人々の作品である。この精神を、一七八九年のフランス人の熱烈な楽観主義と比べて見よ。それはただ単に人種の気質の違いではない。それは根本理念の違いなのである」と。[84] ピューリタン・カルヴァン主義の「根本理念」が、確かに、秩序ある自由と秩序正しい多元主義のアメリカにおける実験の起源と特質に貢献したのである。アメリカの宗教的、教会的、団体的、政治的自由は、良心、信仰告白、共同体、共和国といった根本的なピューリタン的理念に根ざしていた。ひるがえって、アメリカの宗教的信仰告白的、社会的、政治的多元主義のほうは、神の主権と創造された秩序という根本的なピューリタン的理念により制限されていたのである。

注

（1）*Papers of John Adams*, eds. R. Taylor, M. Kline & G. Lint, 2 vols.（Cambridge, Mass.: Belknap Press, 1977）, 1: 114-116.

（2）詳細な資料については以下を参照。Daniel J. Elazar, *Covenant & Commonwealth: From Christian Separation Through the Protestant Reformation*（New Brunswick, N.J.: Transaction Publications, 1996）; id., *Covenant and Civil Society: The Constitutional Matrix of Modern Democracy*（Brunswick, N.J.: Transaction Publications, 1998）.

（3）Robert Rollock, *Tractatus de Vocatione Efficaci*（1597）, in *Selected Works of Robert Rollock,* ed. W. Gunn, 2 vols.（Edinburgh: Wodrow Society, 1849）, 1: 15.

（4）John Preston, *The New Covenant or the Saints Portion*（London, n.p., 1629）, 351; 以下も参照。David Zaret, *The Heavenly Contract: Ideology and Organization in Pre-Revolutionary Puritanism*（Chicago: University of Chicago Press, 1985）, 151.

（5）Johann Heinrich Alsted, *Catechetical Theology*（1619）. 引用は以下による。Jaroslav Pelikan, *Reformation of Church and Dogma, 1300-1700*（Chicago: University of Chicago Press, 1984）367.

（6）William Ames, *Medulla Sacrae Theologiae Pertita*（Frankener: Uldaricus Balk, 1623）, 1.10; John Norton, *Orthodox Evangelist*（London: J. Macock, 1654）, 102ff.

（7）Ibid., 14-15; *The Works of Thomas Shepard,* 3 vols.（Boston: Doctrinal Tract and Book Society, 1853）, 1: 17ff., 90ff.

（8） Richard Alleine, *Heaven Opened: Or the Riches of God's Covenant of Grace*（London: n.p., 1665), 29ff.

（9） Preston. 引用は以下による。Christopher Hill, *Puritanism and Revolution: Studies in Interpretation of the English Revolution of the 17th Century*（London: Secker and Warburg, 1958), 246.

（10） この用語は以下による。Paul Ramsey, *Basic Christian Ethics*（New York: Scribner, 1950), 371; 以下における議論を参照。Robert W. Tuttle, "A Treason of the Clerks: Paul Ramsey on Christian Ethics and the Common Law"（Ph.D. Diss., University of Virginia, 1997), 106-107.

（11） Samuel Willard, *Covenant-Keeping the Way to Blessedness*（Boston: J. Glen, 1682). さらに以下を参照。id., *Morality not be Relied on for Life*（Boston: B. Green and J. Allen, 1700); id., *Walking with God, The Great Duty and Privilege of True Christians*（Boston: B. Green and J. Allen, 1701).

（12） Elisha Williams, *The Essential Rights and Liberties of Protestants*（Boston: S. Kneeland and T. Green, 1744), 3, 7-8.

（13） この自由化にもかかわらず、バプテストがニューイングランドで完全な平等を達成するにはさらに五十年を要した。William G. McLoughlin, *New England Dissent 1630-1833,* 2 vols.（Cambridge, Mass.: Harvard University Press, 1971); id., *Soul Liberty: The Baptists' Struggle in New England, 1630-1833*（Hanover: University Press of New England, 1991).

（14） In F. Thorpe, ed., *The Federal and State Constitutions, Colonial Charters, and Other Organic Laws,* 7 vols.（Washington: Government Printing Office, 1909), vol. 3［以下Thorpeと表記］また、詳細な分析については以下の拙論を参照。"'A Most Mild and Equitable Establishment of Religion':

John Adams and the Massachusetts Experiment," *Journal of Church and State* 41 (1999): 213-52.

(15) Thorpe, 3: 452-456.

(16) Letter to Thomas Jefferson (June 28, 1813), in *The Adams-Jefferson Letters,* ed. Lester J. Cappon, 2 vols. (Chapel Hill, NC: University of North Carolina Press, 1959), 339-340.

(17) Letter to Thomas Jefferson (June 25, 1813), in ibid., 334.

(18) John Winthrop, *Winthrop's Journal,* ed. James K. Hosmer, 2 vols. (New York: C. Scribner's Sons, 1908), 2:238.

(19) John D. Eusden, "Natural Law and Covenant Theology in New England, 1620-1670," *Natural Law Forum* 5 (1960): 1.

(20) John Barnard, *The Throne Established By Righteousness* (1734), in Perry Miller and Thomas Johnson eds., *The Puritans* (New York: American Book Company, 1938), 270-271[以下 Miller and Johnson と表記].

(21) Winthrop's Journal, 2: 238.

(22) Thomas Hooker, *The Application of Redemption by the Effectual Work of the Word, and Spirit of Christ, for the Bringing Home of Lost Sinners to God* (London: Peter Cole, 1659), 43.

(23) Cotton Mather, *The Serviceable Man* (1690), in Edmund S. Morgan, ed., *Puritan Political Ideas* (Indianapolis, Bobbs-Merrill, 1965), 233 [以下 Morgan と表記]. 以下も参照。J. Higginson, *The Cause of God and His People in New England* (Cambridge, Mass.: Samuel Green, 1663), 18.

(24) John Winthrop, *A Model of Christian Charity* (1630), in Morgan, 75, 93. J. Scottow, *Narrative*

of the Planting of Massachusetts (1694), in *Collections of the Massachusetts Historical Society* (4th ser.)(1871), 4: 279.

(25) Willard, *Covenant-Keeping the Way to Blessedness* (1682).

(26) The Agreement Between the Settlers of New Plymouth (1620), in Williston Walker, *The Creeds and Platforms of Congregationalism* (Boston: Pilgrim Press, 1960), 92. [大西直樹『ピルグリム・ファーザーズという神話——作られた「アメリカ建国」』(講談社、一九九八年)、四三頁の大西訳による。]

(27) The Covenant of 1629, in Walker, *Creeds and Platforms,* 116.

(28) Winthrop, *Christian Charity,* 92.

(29) Thomas Hooker, *A Survey of the Summe of Church-Discipline,* 2 vols. (London: John Bellamy, 1648), I.47, 50.

(30) John Winthrop, "A Defense of an Order of Court Made in the Year 1637," in Miller and Johnson, 200-201.

(31) Winthrop, *Christian Charity,* 92; Increase Mather, *The Excellency of a Publick Spirit* (Boston: B. Green and J. Allen, 1702).

(32) Robert W. Kelso, *The History of Public Poor Relief in Massachusetts, 1620-1920* (Boston/New York: Houghton Mifflin, 1922).

(33) W. Stoughton, *New Englands True Interest: Not to Lie* (1670), in Miller and Johnson, 243.

(34) *Records of the Governor and Company of the Massachusetts Bay in New England,* N. Shurtleff,

ed., 5 vols. (Boston: W. White, 1853–1854), 5: 59; *Election Day Sermons: Plymouth and Connecticut*, facs. ed. (New York: AMS Press, 1983).

(35) 引用は以下による。Quoted in Harold J. Berman, "Religious Foundations of Law in the West: An Historical Perspective," *Journal of Law and Religion* 1 (1983) 3, 30.

(36) 以下を参照。Phillips Payson, "Election Sermon of 1778," reprinted in *American Political Writing During the Founding Era, 1760–1805*, Charles S. Hyneman and Donald S. Lutz, eds., 2 vols. (Indianapolis: Liberty Press, 1983), 1: 529. これは、アダムズが第一章と第三章の草稿に、すべての公務員は「キリスト教の信者」でなければならないと書いた一つの理由でもあった。

(37) *The Cambridge Synod and Platform* (1648), chaps. 1-3, 5 [松谷好明訳「ケンブリッジ綱領」『十七世紀ピューリタン教会政治論資料集』一—三、五章。聖学院大学総合研究所、二〇〇七年] in Walker, *Creeds and Platforms*, 203-210. 以下も参照。Richard Mather, *Church Government and Church-Covenant Discussed* (1643), in R. Robey, ed., *Church Covenant: Two Tracts* (New York: Arno Press, 1972), 217.

(38) *Cambridge Synod and Platform*, chaps. 4-10 [松谷訳、前掲書、四—十章].

(39) *Cambridge Synod and Platform*, Ibid., chap. 4 [松谷訳、前掲書、四章、七五頁].

(40) Watertown Covenant-Creed (1647), in Miller and Johnson, 149, 155–156.

(41) Samuel Willard, *The Character of a Good Ruler* (1694), in Miller and Johnson, 253; Jonathan Todd, *Civil Rulers the Ministers of God for Good to Men* (London: Timothy Green, 1749).

(42) Ibid. 以下も参照。John Winthrop, *On Arbitrary Government*, in Morgan, 152; Cotton Mather,

Bonifacious: An Essay Upon The Good, ed. David Levin (Cambridge, Mass.: Belknap Press, 1966), 91, 94.

(43) *Cambridge Synod and Platform,* chap. 17 [松谷訳、前掲書、二一一頁].

(44) Ibid [前掲書、二二頁].

(45) Letter from John Cotton to Lord Say (1636), in Miller and Johnson, 209-212; Willard, *The Character of a Good Ruler,* 250-256.

(46) The Generall Lawes and Liberties of New Plymouth, 148.

(47) Willard, *The Character of a Good Ruler,* 254.

(48) Ibid.

(49) Ibid., 255.

(50) *The Book of the General Laws and Liberties Concerning the Inhabitants of Massachusetts* (1648), ed. Max Farrand (Cambridge, Mass.: Harvard University Press, 1929), 1.

(51) Samuel Willard, *A Sermon Upon the Death of John Leverett, Esq.* (Boston: John Foster, 1679), 6; 以下も参照。Increase Mather, *The Necessity of Reformation With the Expedients Thereunto Asserted* (Boston: John Foster, 1679), iii-iv.

(52) Mather, *Bonifacious,* 130.

(53) *Laws and Liberties of Massachusetts,* A2.

(54) Ibid., 18-20; *Cambridge Synod and Platform,* ch. 17. 以下も参照。Thomas Breen, *The Character of the Good Ruler 1630-1730* (New Haven: Yale University Press, 1970), 37-44.

(55) Ibid., 42.

(56) Letter from John Cotton to Lord Say (1636), in Morgan, 209.

(57) Urian Oakes, *New England Pleaded With, and Pressed to Consider the Things Which Concern Her* (Cambridge, Mass.: Samuel Green, 1673), 49.

(58) *Massachusetts Records,* 5: 328.

(59) Ibid.; *Laws and Liberties of Massachusetts,* 18–20; *Cambridge Synod and Platform,* chap. 17.

(60) Adams, *Works,* 4: 297.

(61) Letter to Josiah Quincy (February 9, 1811), in Adams *Works,* 9: 629–632, at 630.

(62) John Barnard, *The Throne Established by Righteousness* (1734), in Miller and Johnson, 273.

(63) Ibid., 272.

(64) Peter Whitney, *The Transgression of a Land Punished by a Multitude of Rulers* (Boston: John Boyle, 1774), 21; John Cotton, *An Exposition on the Thirteenth Chapter of the Revelation* (1655), in Morgan, 175.

(65) Mather, *Bonifacious,* 92.

(66) Willard, *The Character of a Good Ruler,* 250.

(67) Willard, *The Character of a Good Ruler.,* 254.

(68) Breen, *The Character of a Good Ruler,* 74–75.

(69) Willard, *The Character of a Good Ruler,* 251–252; Hooker, *The Summe of Church-Discipline,* 3–5.

(70) *Cambridge Synod and Platform,* chaps. 5-7 [松谷訳、前掲書、五―七章].

(71) *Winthrop's Journal,* 2: 191.

(72) 引用は以下による。Breen, *The Character of a Good Ruler,* 60.

(73) Thomas Hooker, in *Collections of the Connecticut Historical Society* 1 (1860): 11; Perry Miller, "Thomas Hooker and the Democracy of Early Connecticut," *New England Quarterly* 4 (1931): 663.

(74) *Life and Letters of John Winthrop,* ed. R. Winthrop, 2 vols., repr. ed. (New York: Da Capo Press, 1971), 2: 430.

(75) 引用は以下による。Clinton Rossiter, *The First American Revolution: The American Colonies on the Eve of Revolution* (New York: Harcourt Brace, 1956), 90.

(76) William Hubbard, *The Benefit of a Well-Ordered Conversation* (Boston: Samuel Green, 1684), 25.

(77) *Connecticut Collections,* 1: 20; Hooker, *Summe of Church-Discipline,* 8-13.

(78) *Connecticut Collections,* 1: 20.

(79) *Cambridge Synod and Platform,* ch. 8 [松谷訳、前掲書、八章].

(80) *Laws and Liberties of Massachusetts,* 20-21, 50-51.

(81) Ibid., 19.

(82) 一般的には以下を参照。Bernard Bailyn, *The Ideological Origins of the American Revolution* (Cambridge, Mass.: Harvard University Press, 1967), 32-34, 161-229, 246-272.

（83）以下を参照。Gordon Wood, *The Creation of the American Republic, 1776–1787* (Chapel Hill: University of North Carolina Press, 1969), 107–124.

（84）James Bryce, *The American Commonwealth,* 2 vols. (Boston: Little, Brown, 1889), 1: 299.

（松谷好明訳）

3　アメリカにおける「教会と国家の分離」
――トマス・ジェファーソンとジョン・アダムズの見解の歴史と現在――

今日の市民版「教理問答」と「聖歌」〔社会一般に定着している権威ある見解。教会における「教理問答」や「聖歌」になぞらえている。〕は、今もなお、信教の自由に関するトマス・ジェファーソンの試みを称賛している。千年に及ぶ抑圧的な公認宗教体制を終わらせるために、トマス・ジェファーソン（一七四三―一八二六）は、宗教の非公認化と政治の非宗教化という双子の方式をもって自由を探求したといわれる。かれは次のように書いている。宗教は「純粋に神と良心の間の関心事」でなければならない。政治は「教会と国家の間に分離の壁」を設けて遂行しなければならない(1)。「公認宗教(2)」なるものは、個人の宗教にとって危険であり、それゆえ阻止しなければならない。「政治に関与する聖職者」は、政治の完結性には脅威であり、それゆえ非合法化しなければならない。

以上のジェファーソンの原理は今日も引き続き、大多数にとって、信教の自由に関するアメリカ独特の論理であり、すべての愛国的な個人と制度が受け止めるべきものと見なされている。公立学校の生徒たちは、だれもが、家に聖書を備え、隠れた場所で祈るという徳を学ぶ。どの教会も、文化への適合性は高く政治意識は低いほうが税法上有利であることを知っている。どの政治家も、宗教的大義の助けを借りないで宗教的な有利さを勝ち取る方法を理解している。宗教の非公認化は、すべての人の信教の自由を戦い取るための必要な取り引きである。分離の壁は、宗教的頑迷さを封じ込めて公共の善に向かわせるために設けなくてはならない壁である。今日の興ざめする宗教的右翼には、十戒や信仰に基づく政策を持ち出して人々を困惑させるのをやめて、ジェファーソンのような人から適切な愛国主義を学んでほしいものである。

「歴史の一頁は一巻の論理学に匹敵する」[3]とは、オリヴァー・ウェンデル・ホームズ・ジュニア（一八四一―一九三五）が残した言葉であるが、ここ二十年ほどの慎重な歴史研究は、これまでよく知られてきたジェファーソン的論理に相当な疑問を呈してきた。かつて考えられていたよりもかなりあいまいであることが明らかになったのは、宗教の非公認化と自由な宗教活動に関するジェファーソンの見方だけではない[4]。信教の自由についてのアメリカの「実験」の開始とその展開に関して現在知りうる資料を詳細に検討してみると、ジェファーソンの見解は、実は、当時でも後続の世紀においても、およそ一般的に確立されたものではなかったということである。実際、信教の自由に関するジェファーソン・モデルが憲法上優位を占めるようになるのは、一九四〇年代になってからであり、それも合衆国最高裁判所の命令によるものであった。それ以前の大半の時期、アメリカの「実験」が腐心していたのは、宗教の非公認化と政治の非宗教化の問題ではなく、むしろ、一つの公認宗教に対し個人の信教の自由をどのように均衡させるべきか、ということであった。

こうした新しい歴史的な洞察が何を意味するかについて、探求はようやく緒についたところである。熱心な宗教的右翼は、そのような歴史的洞察を、アメリカのルーツとしてのキリスト教を取り戻し、現在の世俗的体制に代わってキリスト教的伝統を再建するという運動に織り込んできた。一方頑強な左翼は、それらの洞察をもって、この世界に断片的に見受けられるポスト・モダン的あるいはポスト・キリスト教的政治形態のさまざまな必要を想定する合衆国最高裁判所の大胆な予見を新たに評価するようになってきた。しかしながら、最高裁判所自体は、近年、初期の分離論の多くをひそかに放棄し、徐々に、宗教の私的および公的形態をともに憲法上の自由にふさわしいものと見なす方向に動いている。

以上の消息とその意味するところをもう少し詳細に論じるために、信教の自由に関するジェファーソンのモデルを、生涯にわたる好敵手であったジョン・アダムズ（一七三五―一八二六）が展開した信教の自由のモデルとつき合わせて再検討してみたい。わたしがここで主張したいことは、共和国の最初の百五十年間憲法上優位を占めていたのは、実はアダムズのモデルであったということである。一九四〇年代になって、アダムズのモデルの濫用や限界を克服するために最高裁判所が復活させたのが、ジェファーソンのモデルであった。結論を言えば、今日、どちらのモデルも一方だけを孤立させるのは十分ではない。むしろ両方のモデルの洞察が組み合わされてこそ、公認宗教の自由を新しく理解することができるようになるのである。

信教の自由をめぐるジェファーソンとアダムズの対立

われわれの市民版「教理問答」が教えるところによれば、トマス・ジェファーソンは、一七七九年の「ヴァージニアにおける信教の自由確立法」を「公平」で「今までにない新しい試み[5]」と見なしていた。ジェファーソンは、この法が西洋における古代以来の前提に挑戦するものだと明言した。その前提とは、共同体にはキリスト教の何らかの形態が確立され、国家はそれを他のすべての宗教から保護し支持しなければならないというものである。ジェファーソンによれば、ヴァージニアはもはや、宗教について、国家による規定や破門というようなことで頭を悩ますことはない。あらゆる形態のキリスト教は、今や自らの足で立つべきであり、「ユダヤ教、異教徒……マホメット教、その他すべての異端者」とも平等である[6]。これらの宗教が生き残り発展するのは、剣による強制ではなく言葉の持つ説得力によらなくてはならず、法の力ではなく信者の信仰によらなくてはならないのである。

ジェファーソンの論じるところによれば、真の信教の自由は、自由な宗教活動と宗教の公認制度の廃止の双方を要求する。一方において、国家は、たとえその宗教信条や習慣がいかに不敬虔でいい加滅なものに見えたとしても、国民すべてに良心の自由と自由な宗教活動を保障すべきである。「全能の神は、人間の心を自由なものとして創造された」とジェファーソンは書いた。それゆえ、「だれも、宗教的な礼拝や場所や奉仕に常に親しみ、それらを支持するように強制されたり、あるいは身体的であれ物理的にであれ、強いられたり、制限されたり、悩ませられたりしてはならない。また、宗教上の意見や信条のゆえに不利益をこうむることがあってはならない。すべての人は、宗教的事柄について、意見を述べ、論じ、主張することにおいて自由でなければならない。それによって、市民としての資格が制限されたり、拡大されたり、左右されたりすることがあってはならない(7)」。

他方、国家はすべての宗教を非国教化すべきである。国家は、税の特別な割り当てや控除、物品や不動産の特別な供与、あるいは特別な法人法の設定、刑事上の配慮などを通じて、宗教的諸教義や諸集団に特別の援助や支持ないし特権や保護を与えてはならない。国家は法律に、宗教的目的を付与してはならない。国家は、宗教団体の奉仕を利用することも、かれらの秩序や組織や正統性に介入することもしてはならない。ジェファーソンが、ダンバリー・バプテスト同盟に宛てた一八〇二年の有名な書簡に記したように、「宗教は人間と神との間においてのみ存在する事柄であって、人はだれも、自らの信仰や礼拝について、他人に説明し意見を述べる義務を負うものではない。政府の立法の権限は行為にのみ関わるものであって、意見に関わるものではないと諸君と共に確信する。わたしは……教会と国家の間に分離の壁を立てることを検討している(8)」。

宗教家たちは、政治家と同様にこの分離の壁を尊重すべきであった。ジェファーソンによれば、宗教家は、自らの専門である魂の問題に集中し、国家の専門領域に介入すべきではない。宗教は、物理学、生物学、法学、政治学、医学といった他の専門分野と並ぶ「別の学問分野」にすぎない。説教者は、宗教の専門家として、その分野のために時間と精力を傾注するよう雇用されているのである。「それゆえ、説教者は、宗教を教える代わりに、コペルニクスの体系や化学に関する事柄、あるいは政府の樹立やその行政運営などに関する事柄を教えるなら、それは契約違反であって、そのために報酬を得ている奉仕を聴衆に還元していないことになる[9]」。

ジェファーソンの生涯の好敵手ジョン・アダムズは、マサチューセッツの信教の自由の「実験」について同様に熱を込めて擁護した。アダムズはこう書いている。「行政官の権威と市民の服従」が、「司祭の怪しげな修道や政治家の不正」に屈さずに、「理性と道徳とキリスト教を基礎にすることは可能である[10]」。その相当部分をアダムズが起草している一七八〇年のマサチューセッツ憲法は、良心の自由とすべての市民の自由な活動とを保障している。しかし同時にそれは「宗教を緩やかにかつ公平に公認する」ことを定めており、キリスト教の敬虔や道徳や慈善等の好ましい形態には、州の特別な保護と特権を与えていた[11]。

アダムズの論じるところによれば、真の信教の自由は、州に対して、多くの個人の信教の自由と一つの公認宗教との間に均衡を図ることを要求している。一方、市民社会はすべて個人の宗教の多様性を保障しなければならない。かれらの権利は、並列する諸宗教の権利と制度化された公認宗教の義務によってのみ制限を受ける。州がすべての人に、一つの共通の公認宗教にのみに帰依しその信奉者となるよう強制することができるという考えは、アダムズにとって哲学的な虚構であった。人間は、信仰の事柄については、自分自身で個人的に判断を下すものである。人々の良心を強制する試みは、どれも偽善と憤りしか生み出さないであろう。さらに、宗教の多様性を維持することは、市民社会や市民の自由を保護するために必須である。宗教的領域はもとより政治的領域においても、「抑制と均衡」は、精神の進歩はもちろん身体の防護にとっても「唯一の安全弁である」と、アダムズはジェファーソンに書き送った。「どのような種類のクリスチャンであれ、もし行き過ぎを抑制し均衡をとる力を持ち合わせていないとしたら、分派は、自分たち同士が迫害しあうように理神論者を迫害することになろう。それどころか、理神論者はクリスチャンを、無心論者は理神論者を迫害するであろう。それも、クリスチャン同士が迫害しあうときのように仮借のない残酷さをもって行うであろう。人間の本性よ、自分自身を知れ(12)」。

他方、あらゆる政策は、保護される多様な個人の宗教を補強し支持するために、何らかの形態の公認宗教とそのイメージと理想、また、何らかの共通の価値と信条を法律によって確立しなければならない。アダムズにとって、州が中立を保ち、どのようなものであれ公認宗教を排除することができるとする考えもまた哲学的虚構であった。一般に採用されている価値や信条がなければ、政治家たちは相も変わらず自分たちの私的な確信を公共の確信として提供したであろう。このように、公認宗教の基本を確定し擁護することは、それぞれの共同体にとって必須のことである。アダムズは、公認宗教の信条、イコン、聖職者、礼典、政策には以下のものが相当すると考えた。すなわち、信条は、誠実、勤勉、献身、服従、徳、神の愛、隣人、自分自身など、イコンは、聖書、自由の鐘、愛国者たちの記念碑、憲法、聖職者に相当するのは、公共の精神を持った牧師たちと宗教的に献身した政治家たち、礼典は、公的誓約の宣言、祈り、賛美歌、選挙、感謝祭の説教など、政策は、議会や軍隊や刑務所における牧師の州による任命、神聖冒瀆や偶像破壊に対する州による制裁、十分の一税の州による徴収や聖職者の任命、宗教的な団体や学校や慈善に対する州の財政援助である。アダムズは自らの見解を擁護してこう書いた。「政治家は自由のために計画し熟考するであろう。しかし、自由が確固として立つその原則を確立することができるのは、宗教と道徳をおいて他にない。公認宗教は、共和政体やその他の自由な政府だけでなくすべての政府と人間の共同体における社会的幸福の基礎[13]」なのである。

ここに、アメリカ建国時代の二人の偉大な指導者が提示した、信教の自由についての二つのモデルがある。かれらの時代にはその他にもモデルがあった。もっと神学的な論調のモデルもあったし、もっと哲学的な基調のものもあった[14]。しかし、これら二つのモデルは、その主唱者たちの卓越性とかれらの本拠地であるヴァージニアとマサチューセッツの重要性のゆえに、支配的な重要性を有していた。ジェファーソンとアダムズは両者とも、信教の自由の新しい「実験」に自ら意識しながら関わった。

両者は、「すべての人間は平等に造られ」、「譲り渡すことのできない権利」を持っているという、これらが草した「アメリカ独立宣言」の信条から出発していた。両者とも、その時代のあらゆる平和的な個人の信条と信仰者とを強く主張したが、憲法の保護の覆いの中でそうしたのであった。

しかし、ジェファーソンが信教の自由の実施について確固とした自由を擁護したのに対して、アダムズは「調整された」自由を許容するに止まった。また、ジェファーソンが教会と国家の分離を要請したのに対して、アダムズは宗教的任務と政治的任務の区分けを強調しただけであった。ジェファーソンがすべての宗教の非公認化を擁護したのに対して、アダムズは、一つの宗教の「穏健で公平な」公認を強調した。ジェファーソンにとって、一つの公認宗教を立てることは、すべての個人の宗教を脅かすことであった。宗教的画一性を促すことは、宗教的な誠実さを危険にさらすことであった。宗教的な活動を制限することは、宗教の発展を阻むことであった。教会の奉仕に積極的に協力することは、国家の完結性に異義を唱えることであった。それゆえ、宗教を個人の領域と聖なる領域に置き、教会と国家を相互に分離しておくことが最善であった。アダムズは、宗教の自由を最小にしておくことが偽善と不敬虔に陥らないようにする手段であることに同意した。しかし、かれは、宗教的自由が大きすぎると堕落とご都合主義の魔法の道具を呼び込むことになると論じた。宗教的な制度化を強めすぎると、強制と腐敗が引き起こされることは確かである。しかし、宗教の公認化が弱すぎると、私的な偏見が憲法のような大権をふるうことになろう。こうした両極端の間のどこかで均衡が保たれなければならないのである。

実行されたアダムズのモデル（一七七六―一九四〇年）

共和国の最初の一世紀半に支配的な地位を占めたのは、アダムズの信教の自由のモデルであって、ジェファーソンのそれではなかった。皮肉にも、ジェファーソンの根拠地であるヴァージニアにおいてさえそうであった。一九四〇年以前、アメリカの「実験」を主に担ったのは、州政府であって連邦政府ではなかった。憲法修正第一条が適用されたのは「連邦議会」に対してだけであった。しかし、その条項が連邦裁判所によって発動されたのはごくまれであり、執行された場合もごく軽微なものであった。信教の自由の大方の問題は、その解決が州政府に委ねられ、それぞれの州の憲法に則って行われたのである。(17)

もっとも広くなされていた方式は、州政府が、すべての個人的な宗教についてのおおよその自由と一つの共通する公認宗教への全般的な保護との間に均衡を取ろうとしたことである。個人の信教の自由と公認宗教の保護との間に緊張が増してくると、それを緩和させる措置としてフロンティア（開拓地域）に頼る度合が増した。一方、連邦政府と地方政府は、ほとんどの宗教団体とその活動に対して、それらが共通の文化と平均的な気風に調和する限りにおいて、良心と宗教活動の公平について基本的自由を認めた。ほとんどの個人のレベルにおける宗教に対しても、宗教的な信条に基づく集会、言論、出版、教育、親の任務、旅行等について、その権利が認められていた。ほとんどの宗教団体には、法人を組織し、資産を保有し、個人から献金を受け、宗教的規則を施行し、自発的な会員のために建物や学校や慈善活動を維持する権利がおおかた許されていた。

しかしながら、州の多くは依然として、宗教的少数派とりわけ熱狂的な宗教への参加者や文化的に調和しない集団を差別していた。たとえば、ニューイングランドの諸州では、カトリックやバプテストやメソジストの伝道活動は引き続き認められず、かれらの団体結成、免税措置、教育上の認可に関する申請処理は恒常的に遅らせられた。ニューヨーク、ニュージャージー、ペンシルベニアといった州は、ユニテリアンやセブンスデー・アドベンチストには同様に冷たく当たり、かれらが受けていた私的な侮辱に見て見ぬふりをすることもしばしばであった。ヴァージニアとカロライナは、保守的なアングリカンや急増していた福音派に厳しく対した。南部や西部の多くの州は、カトリックの教会や学校や伝道や文書事業などを認めないことで知られていた。東部海岸沿いの主要都市を除けば、ユダヤ教徒やイスラム教徒の些細な宗教的権利について、議会や裁判所がそれなりの敬意を表したところはほとんどなかった。まして、先住民やアフリカ系アメリカ人の宗教的権利については推して知るべしであった。

他方、州と地方政府はともにいわゆる「公認」宗教を保護した。それは特性として、プロテスタントではないとしても全体としてキリスト教であった。後に最高裁判所がそう表現した「有機的言説の集成」(a mass of organic utterances)［アメリカをキリスト教国としている歴史的な諸文献］が、この体制の典型的な特徴を立証していた。(18) 州と地方政府は宗教的象徴と儀式を支持していた。「われらは神に信頼する」ないし類似の信仰告白が、政府の印章や便箋に見られた。「十戒」やよく好まれる聖書の言葉が、裁判所や公立学校やその他の公的建物の壁面に刻まれた。十字架が州立公園や州議事堂の敷地内に建てられた。聖金曜日には半旗が掲げられた。クリスマスやイースターなどの祝祭日は公的な休日とされた。日曜日は引き続き安息日であった。政府によって雇用されている牧師が、州議会、軍、州立の刑務所や保護施設や病院などの牧師として任命された。多くの州議会や市議会では、開会にあたって祈りがささげられ、感謝祭には州知事や市長など地方の首長が祈りをささげた。選挙投票日には、十九世紀を通じて地方の村や町の教会で説教がなされた。

州と地方政府は、宗教団体にさまざまな形態の援助を行った。フロンティアで奉仕するキリスト教の宣教師には補助金が出た。州と市町村は時折、貧しい教会のために聖書や礼典書の購入費用を補塡したり、土地や施設を無料で提供したりした。キリスト教の学校や慈善活動のために資産の譲与や税の助成を行った。教会の資産や聖職者や礼拝は特別刑事法で保護された。多くの教会や聖職者や慈善事業が有する不動産や個人資産には税の控除が認められた。州立美術館やその他の公的建物のために宗教的な芸術品や彫像を購入する際に、税収から支援が与えられた。

州と地方政府の法律や政策には、聖書の教えに基づくものもあった。公立学校や州立大学では多く、聖書と宗教が必須科目とされ、日々の礼拝と日曜日の礼拝への出席が義務づけられていた。州の刑務所、感化院、孤児院、養護施設では、キリスト教の基本的な信仰内容と価値を学び教えることが要求されていた。一夫多妻、売春、猥褻文書など、キリスト教の道徳や習慣に反する性的犯罪が禁じられた。神聖冒瀆はこの時代もなお起訴の対象であった。賭け事、宝くじ、運勢判断など、予言や魔法に基づく行為が禁じられた。多くの司法管轄区では、以上のような法律は他の法律も含めて、明白に宗教に基礎を置いていた。「キリスト教はコモン・ローの一部である」[19]とは、十九世紀アメリカの法思想では当然のことであった。

すべての個人の信教の自由を守ることと一つの公認宗教を保護することとの間に均衡をとるということの広く認められた方式は、共和国の初期、宗教的にまだ均質であった時代やタウンではかなりうまく機能した。制度化された公認宗教は、各共同体の市民としての一致と宗教上のアイデンティティを確認し公にするものであった。同時にそれは、政治的行為と個人の自由の両方に自然な制約を課すことにもなった。すなわち、憲法に基づく告訴による誓約ではなく、共同体における非難や叱責等による制約である。

このような体制を維持することができた前提の一つは、フロンティアの存在とそこへの移住の権利である。共同体の宗教的な制約に耐え、その宗教的な保護を受け入れることができない宗教的少数派は、ヨーロッパにおける同様の集団のように、そこに長く留まり、その地の体制派と戦う必要はなかった。かれらは、時には銃口を突きつけられて、フロンティアにかれら独自の共同体を造った。その際、かれらに先んじて活動をしていた宣教師や教育者たちの後に従うことが多かった。こうして、モルモン教徒は、ニューヨークからミズーリやイリノイへと移動し、最終的にはユタとその近隣の州に移住した。カトリックは、カリフォルニア、ダコタ、イリノイ、ルイジアナ、モンタナ、ネバダ、ニューメキシコといった地域に移動した。バプテストとメソジストは、ジョージア、テネシーからミシシッピー、ミズーリへと南部に大量に流れていった。その他の自由思想を持つ者たちは、ワイオミング、モンタナ、ワシントン、オレゴンの山岳地帯のフロンティアに逃れていった。[20]

移住の権利と義務は、初期のアメリカにおいて信教の自由の「実験」がなされる際の基本的な前提条件であった。多くの第一世代のアメリカ人たちは、ヨーロッパの信仰と領土を棄てて自由を手にした。したがって、かれらは、「出て行く権利」、すなわち、自身の信仰を後にし、地縁や血縁を放棄し、生活と信仰を新たに建て直し、自らのアイデンティティを新たに取り戻す権利を、信教の自由の主要な公理と受け止めた。フロンティアへの逃避は、すべての個人の宗教に自由を与えることと一つの公認宗教を保護することとの間に均衡をとるという、十九世紀に広く認められた方式の放出弁であった。

しかしながら、アメリカの人口が増え、その構成も多様化し、フロンティアにも人が多く住み着くようになるにしたがって、この制度を維持することは徐々に難しくなってきた。一八一〇年ごろから一八六〇年ごろにかけて起こった第二次大覚醒は、一群の新しい教派をアメリカ世界に叢生させた。アドベンチスト、クリスチャン・サイエンチスト、ディサイプルズ、ホーリネス教会、エホバの証人、モルモン、ペンテコステ、ユニテリアン、ユニバーサリストその他である。第二次大覚醒はまた、もともとの東部海岸の諸州がローマ・カトリックをはじめ福音派バプテストやメソジストによって「再征服」された、とエドウィン・S・ガウスタッドがいみじくも述べた状況を来らせる機縁ともなった。[21] アメリカ南北戦争(一八六一―一八六五年)は、ルター派、長老派などの教派を恒久的に北部と南部に分けた。憲法修正第一三条、一四条、一五条(一八六五―一八七〇年)は、奴隷制度を違法としただけでなく、長い間暗闇に置かれていたアフリカ的な信仰と儀式を解放した。それらには、純粋にアフリカ的形態もあったが、多くはさまざまなキリスト教およびイスラム教の伝統に土着したものであった。一八六〇年代以降、ヨーロッパから移民の大きな波が押し寄せたが、それは、アイルランド、ドイツ、イギリスといった国々からの移民であり、カトリックとプロテスタントの新しい集団と形態をもたらした。それに、メキシコと中南米から多くのカトリックの移民が加わった。一八八〇年代以降、東ヨーロッパとロシアからの移民の新しい波も、カトリック、ユダヤ教、オーソドックス(正教会)といった新しい集団と形態をもたらした。同時に、太平洋を渡ってくる移民の数も増え、それに伴って、仏教、儒教、ヒンドゥー教などの東洋の宗教が入ってきた。

こうした運動の新しい息吹と移住と創出は、十九世紀アメリカの宗教分布図を劇的に塗り替えた。

すなわち、共和国初期におけるカルヴィニストとアングリカン教会は、その地盤が崩れ、とりわけまだ日の浅い福音派バプテストとメソジストの新しい形態に道を譲った。十九世紀後半におけるアメリカの宗教分布のこのような急激な変化は、やがて信教の自由に関する州憲法の規定の型に異論が呈される事態をもたらすようになる。とくに、公認宗教を好ましい形態としてそれを後援する州の政策は、人口構成が多様化し、この政策に反対するグループが力をつけてくるにしたがって維持するのが困難になってきた。バプテストやメソジストを含む多くの福音派諸教会は、州が、宗教の非公認化と分離の原則をもっと忠実に守るべきだと主張した。その結果、かれらは、多くの州で憲法を修正する政治力を獲得した。宗教的少数派――プロテスタント、カトリック、オーソドックス（正教会）、ユダヤ教、アドベンチスト、モルモンのいずれであれ――もまた多くの地域で、この制度とりわけ公立学校において一つの共通のプロテスタント教会を支持する制度に反対する側についた。こうした宗教的少数派の中には、体制に従って同化することを拒否したグループもあった。また、そこに住むことを拒否し静かに立ち去る者もあったが、この制度に積極的に反対し、戦いを挑み始めるグループもあった。

同化政策も協調政策も効果的でなくなったとき、州と地方議会は、これらの反体制派を弾圧し始めた。二十世紀への変わり目さらにはそれ以降、ますます、地方政府の役人が宗教的少数派のさまざまな申請を拒否することが恒常化するようになった。すなわち、ローマ・カトリックには学校の設立認可を、エホバの証人には説教の許可を、オーソドックス（正教会）にはかれら独自の正典を使う自由を、ユダヤ教徒とアドベンチストには安息日を遵守する便宜を、非キリスト者の平和主義者には良心的兵役拒否の身分を、いずれも認めようとしなかった。州裁判所や州議会が宗教的反体制派の苦境を見て見ぬふりをするようになると、かれらは、連邦裁判所に助けを求めるようになった。

実行されたジェファーソンのモデル（一九四〇―一九八五年）

合衆国最高裁判所は、宗教的反体制派の苦境に強力に対応した。まず、修正第一条を州に適用することによって、次に、ジェファーソンのモデルを修正第一条に適用することによってである。この二つの提案はともにアメリカの「実験」に根本的な変化をもたらした。

「キャントウェル対コネチカット」（一九四〇年）[22]および「エヴァーソン対教育委員会」（一九四七年）[23]という二つの画期的な判決において、最高裁判所は、修正第一条の宗教条項を、修正第一四条の法の適正手続条項に読み込んだ。最高裁判所は、修正第一条は、表面的には連邦政府を拘束するものであるとした。そこには、「連邦議会は、国教を樹立し、あるいは信教上の自由な行為を禁止する法律……を制定してはならない」とあるからである。しかし、信教の自由に関する一般的な声明として、修正第一条は州政府をも拘束する。というのは、信教の自由は、「いかなる州も、適正な法の手続きによらないで、何人からも……自由……を奪ってはならない」という修正第一四条における基本的自由に関する諸規定の一部であるからである。[24] このように、最高裁判所は、修正第一条を第一四条に組み込むことによって、十六度にわたる憲法修正の試みが失敗してできなかったことを成し遂げた。つまり、合衆国全体に適用される宗教の自由に関する法律をもって、州政府および地方政府の反対を押し切る強制力を持つ、連邦裁判所が司る国全体の法律を創り出したのである。

信教上の自由な行為に関する条項を適用した当初、最高裁判所は、新たに生まれた宗教集団の諸権利をそれに反対する地方の役人たちから守ることによって、アメリカの「実験」を調整したにすぎなかった。最高裁判所は、エホバの証人が、単に一般に知られていないという理由で、説教やパレードやパンフレットの発行を禁止されることがあってはならないとの判決を繰り返し下した。[25] 公立学校の生徒は、良心的に反対するのであれば、国旗への敬礼や誓約の朗誦を強制されてはならないとされた。[26] その他のグループも、良心の咎めがあるなら、市民権取得の際の誓約、資産の免税、州の公務員の地位、社会福祉上の給付、裁判における法的地位などについて、強制されることがあってはならないとされた。[27] このような自由な行為に対する救済策は、州による伝統的な公認宗教の制定を、アメリカに生まれた多くの新しい非公認の宗教のためにもっと「穏健で公正な」ものにしようとする取り組みであったと理解することができるであろう。

しかしながら、国教樹立条項を適用するその初期段階では、最高裁判所は、州が公認宗教を定めることをまったくの違法とすることによって、アメリカの「実験」を根底から再構成したのであった。

最高裁判所の主張によれば、公認宗教を国家が保護することは、個人の自由な宗教活動の権利への脅威であるだけではない。それは、宗教を国教化してはならないという政府の義務違反でもあった。宗教活動の強力な自由を定めた条項を、強力な非国教化の条項に結びつけることの長所を最初に見抜いたのは、トマス・ジェファーソンであった。この両条項を同じように強力に強制するという方式、すなわち宗教を私的な領域と聖なる領域に委ね、教会と国家を分離することによってこれを行う方式を思いついたのもトマス・ジェファーソンであった。これ以降、ジェファーソンの見解は国家の法となるのである。エヴァーソン判決におけるブラック判事の言葉を用いれば次のようなことであった。

修正第一条の「国教樹立」条項は少なくとも以下のことを意味している。州政府も連邦政府も教会を立ち上げることはできない。両者とも、一つの宗教を援助したり、すべての宗教を援助したり、あるいはどれか一つを選り好む法律を通すことはできない。両者とも、人をその意思に反して教会に通わせあるいは教会から遠ざかったままにしておくように、あるいはいずれかの宗教を信じるあるいは信じないと公言するように影響力を行使して強制することはできない。何人も、宗教上の信仰や不信仰を受け入れるあるいは公言することで、また教会に出席するあるいは出席しないことで、処罰されることはできない。どのような宗教行為もしくは団体であれ、宗教を教え、あるいは実践するために、それがどのような名称で呼ばれようと、どのような形態を採ろうと、そのために税を課せられることは、額の多寡にかかわらず、あってはならない。州政府も連邦政府も、公然であれ内密であれ、どのような宗教組織や団体の事柄にも参画してはならないし、その逆もあってはならない。ジェファーソンの言葉を用いれば、法律による宗教の国教化を禁じる条項は、「教会と国家の間に分離の壁」を築くことを意図したものであった。(28)

エヴァーソン判決は、それに対して訴訟を起こさずにはおられないような判決であった。一つの公認宗教を保護するという州や地方政府の長年にわたる伝統的な政策が、今や挑戦を受けたのである。修正第一条の国教樹立条項の州への新しい適用は、それについて広範な訴訟が起こされる契機となった。最高裁判所がエヴァーソン判決で、信教の自由に関してジェファーソン・モデルを採用したということは、そうした事態を要請するものであった。実際、一九四〇年代以降、国教樹立条項に関して、何百という訴訟が下位の連邦裁判所に殺到した。

最高裁判所は、新たな装いをまとったジェファーソンの論理を、主として宗教教育を州が後援してきた伝統に挑戦する訴訟に適用した。国教樹立条項に関する訴訟のほぼ四分の三がこの問題であった。一方、最高裁判所は公立学校から宗教を排除した。公立学校は、祈りをささげることも、黙想の時間を持つことも、聖書や宗教的な文書を読むことも、聖書や祈禱書を備えることも、神学や創造論を教えることも、十戒やキリスト生誕図を掲げることも、宗教団体のサービスや施設を利用することもできなかった。[29] 他方、最高裁判所は、宗教系学校を州の支援から排除した。州は、宗教系学校に、給与や礼拝用品を提供することも、標準試験の実施費用を補塡することも、州が決めた教科書や事務用品や映画を貸し出すことも、あるいはカウンセリングのサービスを提供することも、宗教系学校の授業料のための税金控除や貸付を許可することもできなくなった。[30]

「レモン対カーツマン」判決（一九七一年）で、最高裁判所は、初期の事例に見られたジェファーソンの論理から本質的な要素を抽出し、国教樹立条項に関するすべての事例に使用できるよう一般的な審査基準を作った。[31] これ以降、国教樹立条項の挑戦を受けた法律はどれも、（1）世俗的な目的を持つこと、（2）主たる効果が宗教を勧めも抑制もしないこと、（3）教会と国家の間に過度の関わり合いを助長しないこと、の三つの基準を満たさなければ憲法審査に通らなくなった。偶発的な宗教的「影響」や教会と国家の間の些細な「関わり合い」は許容されたが、基本的には、以上のどの基準であれそれに触れれば違憲とされた。

このようにジェファーソンの論理が憲法との関連で具現化されると、国教樹立条項は、それまで公認宗教を支援してきた多くの州の伝統的な方式にとって手ごわい障害となった。とくに、下級裁判所はこの基準を利用して、次のような形態をすべて違法とした。すなわち、宗教的慈善や社会奉仕や宣教活動を政府が助成すること、宗教的礼拝とその施設や印刷物を政府が使用すること、日曜日および祝祭日を政府が保護すること、神聖冒瀆的法律を政府が強制すること、宗教儀式および宗教的展示へ政府が参加することなどである。もっとも、強調しておかなければならないことは、こうした改革を遂行するために、法に訴えることは実際にはまれであったということである。とくに、地方政府は、憲法裁判にかかる政治的経済的代価に敏感で、訴えられるずっと前に、自主的に礼拝をやめ、十戒を取り外し、宗教に財源を閉ざしてしまうことが多かった。これは、国教樹立条項についてのジェファーソン的論理の要請によるものといえるであろう。

公認宗教の自由に向けて

多くの役人や市民は、このジェファーソンの論理に引き続き忠実であった。ところが最高裁判所は、近年になってこれをひそかに無視し、いくつかのもっとも厳しい分離主義的な規定を覆した。(32) 最高裁判所は、こうした論争に決着をつけるために、まだ新しい筋の通った論理を創り出すことができていない。それも、首尾一貫した新しい基準を提示するどころか、いくつかの不注意な意見を出したこともあって、むしろ批判にさらされてきた。しかし、そうした判例は、公認宗教の持つ法的な地位を確定し擁護する新しい方法への道標の役割を果たすことにもなった。最近の憲法修正第一条に関する判例の中には、伝統が強力な推進力になった場合がある。最高裁判所はこれまでも、何度か、宗教税の控除や安息日に関する法律を擁護するために、より広範な根拠として伝統に関する議論を利用したことがあった。しかし、「マーシュ対チェインバー」判決（一九八三年）では、伝統から引き出された議論を唯一の根拠として、牧師の費用を負担し、牧師の祈りで州議会を開会した行為が支持されている。バーガー最高裁判所長官は、裁判所に宛てた文書で、アメリカの生と法の中に宗教の伝統的な公的役割が高貴に生き残っているとし、そのような行為を擁護した。「二百年余にわたる明白で途切れることのなかった歴史に照らして、祈りをもって議会を開会するという慣行が、われわれの社会の骨組みの一部となっていることに疑いはない。立法を委託されている公的機関で神の指導を祈願するのは、これらの状況下では『国教樹立』にはあたらない。この国の人民の間で広く受け止められている信条への許容しうる承認であるにすぎない……『われわれは宗教的な民であって、その諸機関は至高の存在を前提としている(33)』」。

伝統を根拠とする議論は、それ自体に説得力がないとはいえ、時として、公認宗教と宗教的大衆の伝統的な特徴を擁護するために、広範な根拠を強化することがありうる。伝統は、帰無仮説［棄却されることを期待して設定される仮説］として有効に機能するときもある。すなわち、伝統は、原則を単純に実施することによって放棄されるのでなく、強力な憲法論議によって克服されることが期待されるのである。ホームズ判事がかつて述べたように、「共通の同意のもとで、あることが二百年間行われていた場合、それを変えるためには、修正第一四条を強力に擁護することが必要となるであろう(34)」。それゆえ、宗教団体への免税、従軍牧師、刑務所における祈禱書、公の場での十戒やその他の宗教的シンボルの掲示のような、害を及ぼすことなく長年なされてきた習慣は、十分に正当化されよう(35)。伝統に基づく議論には限界と危険がある。そのことは、翌年最高裁判所が自ら露呈した。「リンチ対ドネリー」判決（一九八四年）で、最高裁判所は、市が伝統として、中心街のショッピング・センターにある市立公園にクリスマスの大きな展示の一部として馬小屋のキリスト生誕の展示物を置いたことを支持した。バーガー最高裁判所長官は、「マーシュ対チェインバー」判決での議論を繰り返すとともに、多くの例を引きながら判決文にこう書いた。「政府の三つの機関すなわち立法、行政、司法はともに、アメリカの生活における宗教の役割を途切れることなく認めてきた(36)」。

しかしながら、バーガーは続けて、この展示を認めるもう一つの理由があると次のように述べた。キリスト生誕の展示は、クリスチャンには宗教的意味を持つことは確かであるとしても、「クリスマスの折になされる純粋に世俗的な展示」の「消極的な」部分にすぎない。それらは、「友好的な善意の共同体的精神を醸し出し」、「人々を市の中心へと導き、また、商業的関心に貢献し、商業関係者に益をもたらす」ものである(37)。これに賛同したオコナー判事は、キリスト生誕の展示の前で祈りがささげられることがあるが、それは、「公共的な行事を荘厳なものにし、将来への信頼を表し、社会の感謝に価するものを認めることへの奨励」にすぎない(38)、と書いた。最高裁判所の結論にはこうあった。このような「儀礼的理神論」に政府が関与したり支持したりすることを、国教樹立条項についての「機械的論理」や「絶対的基準」によって判断することはできない。「わが国の国教樹立条項にひねくれた読み方を持ち込むことは、もはや時代遅れである」[39]。

しかしながら、国教樹立条項についてひねくれた読み方をすることは、宗教について鈍感な解釈をすることよりはましであろう。というのは、キリスト生誕の展示が単なる広告にすぎず、祈りが単なる儀礼にすぎず、敬虔が単なるノスタルジアにすぎないとする最高裁判所の暗示は、空虚な「アメリカ版神道」を作り出すことになるからである[40]。「アメリカ版神道」とは、おそらく、憲法の検閲を通り越してしまうほどに宗教的アイデンティティが排除された公的宗教のことである。しかしそれは、儀礼として効果は持ちえようが、漂白されすぎて、味気を失った、宗教的に価値のないものである。

こうして、伝統に基づく議論は助けにはなるが、今日の宗教の公共的な位置を確定し擁護するには、能力に本来的な限界がある。そのような議論は否応なしに、公認宗教とは何かということについての伝統的な定義を前提にしている。それは、共同体の中の複数の教派から折衷的に引き出された、信条や価値や宗教的実践についての共通の体系である。ジョン・アダムズが生きていた時代の宗教的に均質な環境ではまだ、共通の指標と共通の教派からなる公認宗教が、教理の厳格さと礼典の特殊性と道徳的説得力によって有効性を維持していた。今日のように、公式記録にあるだけで千以上の法人組織の教派があるような宗教混成の環境では、アダムズの時代のような効果的な共通の宗教は造り上げることもできないし、擁護することもできない。

ごく最近の判例には、公認宗教の法的位置を確定し擁護することについて新しい道が萌芽として仄見えている。最高裁判所は、無数の宗教的な個人や集団の公の権利や活動を支持する政府の政策を、これらの宗教集団が自発的に活動すると同時に非宗教的集団も同じ政府から便益を受けられる限りにおいて是認してきた。この論理によって、キリスト教の聖職者には、非宗教的な市民と同じように、州政府の政治的な職責に立候補する権利が与えられた。[41] 教会関連の妊娠相談センターは、より広範な連邦家族相談プログラムの一部として資金援助を受けることができるようになってきた。[42] 宗教的な学生集団は、非宗教的な学生集団に開かれている州立大学や公立学校で学ぶ権利を同等に持ちうることになった。[43] 宗教学校の学生は、公立学校の学生と同じように、一般の奨学金や補習教育や障害者へのサービスを受ける権利を有することになった。[44] 宗教的集団には、すでに他のグループに開かれている公の施設や市でなされる教育プログラムを受ける権利が与えられた。[45] 宗教政党には、非宗教的な政党と同等に、公の集会でかれらのシンボルを掲げる権利が与えられるようになった。[46] 宗教的な学生新聞には、非宗教的な学生集団の新聞と同じように、大学の公的な資金を受ける権利が与えられた。[47] 宗教的な学校には、他の私立学校と同じように、宗教の後援する教育改善プログラムや学校バウチャーやその他の教育プログラムに参加する権利が与えられたのである。[48]

以上のような判決は、幅広い憲法上の根拠に基づいて擁護された。すなわち、非国教樹立条項のもとでの宗教の適切な受け入れ、言論と活動の自由条項のもとでの宗教の保護の必要性、保護の平等条項の単純な適用といった議論である。

しかしながら、これらの判決に多く共通する一つの主題がある。公認宗教は個人の宗教と同じように自由でなければならないという主題である。それは、これらの判決における宗教団体が実際には非宗教的であるからではない。かれらの公の活動が実際には非分派的であるからでない。かれらの公の活動が実際には文化的に主流の一部であるという理由でもない。そうではなく、これらの公の集団と活動が自由に値するのは、まさにかれらが宗教的で、分派的活動に参加し、時に、主流の上に立ち、主流を越え、主流に逆らう立場をとるからなのである。かれらは、政治の改善のために酵母と梃子を提供しているのである。

これらの判決に共通する第二の主題は、公認宗教の自由が時として国家の支持を要請するということである。今日の国家は、ジェファーソンの時代のように教会と国家の分離が自然で容易であった遠く離れた静かな統治機構ではない。今日の近代福祉国家は、良くも悪しくも、極度に活動的な統治機構であって、そこでは教会と国家の完全な分離が不可能である。今日どのような宗教団体であれ、教育、慈善、福祉、小児保護、医療、家族、建築、都市計画、職場、税制、安全保障といった、国家の広範な規制のネットワークに触れずに存在することのできる団体はない。どのような宗教にとっても、近代福祉国家と対決したり協力したりすることを避けることはほとんどできない。特定の宗教にとって国家の規制の重荷が過重であるとき、宗教の自由な活動条項は救済への道を与えてくれるはずである。国家の予算が宗教の便益に寛大でありすぎるとき、国教樹立条項はこれに反対する道を用意するはずである。しかし、政府機構が全体として、公的な宗教団体と活動に他のすべての受領者に与えられるものと同じ便宜を与えるのであれば、非国教樹立条項を理由に反対することは「ひねくれている」どころか、腐食を招く有害な解釈となる。

これらの判決に共通する第三の主題は、公認宗教は共通の宗教ではありえないということである。「リンチ対ドネリー」判決とその後続の判決が、その宗教的なごまかしのゆえにこのことを明らかにしていないとすれば、もっと最近の判例が要点を強調してくれるであろう。今日、わが国の公認宗教は、特定の諸宗教の集合でなければならず、宗教的に特定な団体の組み合わせであってはならない。それは、開かれた宗教的な対話の過程でなければならず、諸宗教を蒸留して一つにしてしまうことであってはならない。宗教的な声やヴィジョンや価値は、すべて公的な場で聞かれ、熟考されなければならない。公の宗教的な奉仕や活動には、それが犯罪や不法でない限り、それぞれの教派の特徴をすべて出して、全面で競争する機会が与えられなくてはならない。

今日、保守的な福音派やカトリックには、この洞察を自らのものとして、他の集団よりうまく活用している団体がある。これらの集団の近年の台頭には、ジェファーソンの神話的な分離壁についての表面的な検閲や常套文句をもって対峙すべきではない。いわゆるキリスト教右派の勃興には、キリスト教左派、キリスト教中道、ユダヤ教、イスラム教といった宗教団体の同様に強力な台頭をこそ対峙させるべきである。かれらは、キリスト教右派の前提や処方箋や政策を検証しそれと競争するであろう。これこそが、健全なデモクラシーが機能する道である。新しいキリスト教右派が真に挑戦すべきは、アメリカ政治の高潔さではなくアメリカの諸宗教の無関心である。この宗教的な市場で自分の場を確保することこそ、信仰者にとっても非信仰者にとっても挑戦なのである。

これらの判決の第四の教訓は、公認宗教の自由は公認宗教からの自由をも要求するということである。政府は、強制と自由の均衡をとらなくてはならない。国家は、市民に、かれらが不快をおぼえるような宗教的儀式やそれらへの助成に参画するよう強制することはできない[49]。しかし、国家は、公的な儀式やプログラムへ市民が参加することを、それらが宗教的であるという理由だけで妨げることはできない。公立学校でキリスト教の祈りと聖書朗読の校内放送を違法とすることと、同じ公立学校で黙祷の時間を設けることや私的に宗教的な話をすることを禁じることはまったく別のことである。祈りと校内放送の場合、生徒はその場にいざるをえないからである。宗教教育に直接税金から支援することを禁じることと、子供たちを宗教系学校で教育を受けさせることを選択した両親に税の控除を禁じることとはまったく別のことである。政府当局者が、警察権力の中枢を宗教団体に委譲することを禁じることと、政府当局者が、任意の宗教団体に対し非宗教的集団に対するのと同等にその慈善事業の手助けをすることとは、まったく別のことである。公的な集まりで、祈りや宗教的儀式や宗教的シンボルを政府が使用することを違法とすることと、同様の公的な集まりで私的な祈りや儀式やシンボルを使用することを政府が容認することとは、まったく別のことである。

個人は、公認宗教からの保護を求める際には同様の慎重さを発揮すべきである。十九世紀アメリカの公認宗教の枠組みにおいて、この自由を提供したのは裁判所というよりもフロンティアであった。フロンティアは、すべてのことから離れた場所であり、自身の良心と同じ宗教の仲間とともに逃れることができる場所であった。今日でもなお、フロンティアはこの自由を提供している。物理的に小さな町や人の住まない山に行くのではないとしても、事実上、聞きたくない宗教の公共的な声を選り分けて遮断することはできる。

フロンティアに逃れることは、近代の科学技術とそこにおける私生活の仕方に応じて、幌馬車やラバの荷車の時代よりも相当容易になっている。CBN〔Christian Broadcasting Networkテレビ伝道者パット・ロバートソンが始めたキリスト教テレビ放送〕はスイッチを切ってしまえばよい。伝道者の訪問があったら玄関に入れなければよい。市が立てた不快に思う十字架には目をつむればよい。耐え難い公の祈りには耳に栓をすればよい。従軍牧師のカウンセリングには世話にならなければよい。議会での牧師の祈りには遅刻すればよい。町の庁舎にあるユダヤ教の燭台や星はやり過ごせばよい。裁判官の背後に掲げられている十戒は読まなければよい。学生の宗教団体には加わらなければよい。聖職者の候補者には投票しなければよい。福音派の新聞には目を通さなければよい。カトリックのカウンセラーのサービスは受けなければよい。サイエントロジストの書物は読まなければよい。宗教書訪問販売員の売る装身具などは拒否すればよい。憎悪を駆り立てる牧師たちは追い返せばよい。こうしたすべてのヴァーチャルなフロンティアへの逃避を、法は擁護するし今後もそうするであろう。そのために必要であれば、法律は力をも行使するであろう。宗教からのこのような自己防衛こそ、憲法に訴えるという緊張を強いられると同時に退屈でもある作業より、究極的にははるかに大きな信仰の自由をすべての人にもたらすであろう。

注

（1）H. Washington, ed., *The Writings of Thomas Jefferson*, 10 vols.（Washington, D.C.: Taylor and Maury, 1853-1854）, 8: 113.

（2）この表現はふつう、ベンジャミン・フランクリンが初めに使ったものとされている。Benjamin Franklin, "Proposals Relating to the Education of Youth in Pensilvania（1749）," in C. Jorgenson and F. Mott, eds., *Benjamin Franklin: Representative Selections*（New York: Hill and Wang, 1962）, 203. 以下を参照。Martin E. Marty, "On a Medial Moraine: Religious Dimensions of American Constitutionalism," *Emory Law Journal* 39（1999990）: 1, 16-17.

（3）New York Trust Co., V. Eisner, 256 U.S. 345, 349（1921）.

（4）Daniel L. Dreisbach, *Thomas Jefferson and the Wall of Separation Between Church and State*（New York: New York University Press, 2002）; Philip A. Hamburger, *Separation of Church and*

State (Cambridge: Harvard University Press, 2002).

(5) Saul K. Padover, eds., *The Complete Jefferson* (New York: Duell, Sloan and Pierce, 1943), 538.

(6) Padover, 1147.

(7) Padover, 946-947.

(8) Padover, 518-519, 673-676, 946-958. それらに以下を参照。Edwin S. Gaustad, *Sworn on the Altar of God: A Religious Biography of Thomas Jefferson* (Grand Rapids, MI: Wm. B. Eerdmans, 1966).

(9) Letter from Thomas Jefferson to P.H. Wendover (Mar. 13, 185), quoted and discussed in Hamburger, *Separation of Church and State,* 152-154.

(10) John Adams, *The Works of John Adams,* ed., C.F. Adams (Boston: Little Brown and Company, 1850-1856), 4: 290, 293.

(11) Adams, Works, 2: 399, 3: 451, 4: 290-297, 8: 232. それらに以下を参照。John Witte, Jr., "A Most Mild and Equitable Establishment of Religion': John Adams and the Massachusetts Experiment," *Journal of Church and State* 41 (1999): 213-252.

(12) *The Adams-Jefferson Letters,* ed., Lester J. Cappon (Chapel Hill, NC: University of North Carolina Press, 1959), 333-335.

(13) Adams, Works, 9: 636. また、以下を参照。Ibid., 2: 399; 3: 448-464; 4: 193-209, 227-228, 290-297; 8: 232; 9: 419-420; 10: 253-254, 415-416; John A. Schutz and Douglass Adair, eds., *The Spur of Fame: Dialogues of John Adams and Benjamin Rush, 1805-1813* (San Marino, CA: Huntington Library, 1966), 75-77, 191-195, 224-226, 238-239.

（14） その他のモデルについては以下を参照。John Witte, Jr., *Religion and the American Constitutional Experiment,* rev. ed.,（Boulder, CO: Westview Press, 2005）（以下、RCE と記す。）

（15） Thomas E. Buckley, “After Disestablishment: Thomas Jefferson’s Wall of Separation in Antebellum Virginia,” *Journal of Southern History* LXI（1995）: 445; id., “The Use and Abuse of Jefferson’s Statute: Separating Church and State in Nineteenth-Century Virginia,” in *Religion and the New Republic: Faith in the Founding of America,* ed., James H. Hutson（Lanham, MD: Rowman and Littlefield, 2000）, 41-64; id., “’A Great Octopus’: Church and State at Virginia’s Constitutional Convention, 1901-1902,” *Church History* 72（2003）: 333.

（16） 合衆国憲法修正第一条――「連邦議会は、宗教の国教化または宗教の自由な活動を禁止する、いかなる法律も制定してはならない」。

（17） この部分についての出典は、RCE, 107-124 を参照。

（18） Church of the Holy Trinity v. United States, 143 U.S. 457, 471（1892）.

（19） この表現はヘイル卿による造語である（Sir Matthew Hale in Taylor’s Case（1676）, 1 Vent. 293, 86 English Reports 189）が、その後、アメリカで定着した。Stuart Banner, “When Christianity Was Part of Common Law,” *Law and History Review* 16（1998）: 27-62.

（20） 詳細な宗教分布図については以下を参照。Edwin S. Gaustad and Philip L. Barlow, *New Historical Alas of Religion in America*（New York: Oxford University Press, 2001）.

（21） Gaustad and Barlow, *New Historical Alas of Religion in America,* 23.

（22） 310 U.S. 296（1940）.

（23）330 U.S. 1（1947）.

（24）合衆国憲法修正第一四条、第一節

（25）主要判例は以下のとおりである。Cantwell, 310 U.S. at 196; Cox v. New Hampshire, 312 U.S. 569（1941）; Murdock v. Pennsylvania 319 U.S. 141（1943）; Follet v. McCormick 321 U.S. 574（1994）; Fowler v. Rhode Island, 345 U.S. 67（1953）; Oiykis v, Bew Ganosgurem 345 U.S. 395（1953）.

（26）主要判例は以下のとおりである。West Virnigia State Board of Educaiton v. Barnette, 319 U.S. 624（1943）である。

（27）主要判例は以下のとおりである。In re Summers, 325 U.S. 561（1945）; Girouard. V. United States, 328 U.S. 61（1946）; First Unitarian Church v. County of Los Angeles, 357 U.S. 545（1958）.

（28）Everson 330 U.S. at 15-16.

（29）主要判例は以下のとおりである。McCollum v. Board of Educaiton, 333 U.S. 203（1948）; Engel v. Vitale, 370 U.S. 421（1962）; Abington School District v. Schempp, 374 U.S. 203（1963）; Epperson v. Arkansas, 393 U.S. 97（1968）; Stone v. Graham, 449 U.S. 39（1980）; Wallace v. Jaffree, 472 U.S. 38（1985）.

（30）主要判例は以下のとおりである。Lemon v. Kurtzman, 403 U.S. 602（1971）; Sloan v. Lemon, 413 U.S. 825（1973）; Meek v. Pittenger, 421 U.S. 349（1975）; Wolman v. Walter, 433 U.S. 229（1977）; Grand Rapids School District v. Ball, 473 U.S. 373（1985）; Aguilar v. Felton, 473 U.S. 402（1985）. これらの判例のいくつかを覆したものについては、後出の注32を参照。

（31）Lemon, 403 U.S. at 602.

(32) Mitchell v. Helms, 530 U.S. 793, 808 (2001) が Meek v. Pittenger, 421 U.S. 329 (1975) を覆し、Wolman v. Walter, 433 U.S. 229 (1977); Agostini v. Felton, 521 U.S. 203, 235 (1997) が Aguilar v. Felton, 473 U.S. 402 (1985) を覆した。

(33) Marsh v. Chambers, 463 U.S. 783 (1983). 一部に Zorach v. Clauson, 343 U.S. 306 (1952) を引いている。

(34) Jackman v. Rosenbaum, 260 U.S. 22, 31 (1922).

(35) とくに Van Orden v. Perry, U.S. (2005) を見ると、裁判所がテキサス州州議会議事堂に長い間置かれていた十戒を是認したことがわかる。しかし裁判所は、McCreary County v. AILU, U.S. (2005) で、ある郡裁判所の壁に最近になって掲げられた十戒を廃止させている。

(36) Lynch v. Donnelly, 465 U.S. 668, 675 (1984).

(37) Ibid., 685.

(38) Ibid., 693. (J・オカノーがここで同意している。)

(39) Ibid., 687.

(40) この表現は以下にある。John T. Noonan, Jr., *The Lustre of our Country: The American Experience of Religious Freedom* (Berkeley: University of California Press, 1998), 230-231 .

(41) McDaniel v. Paty, 435 U.S. 618 (1978).

(42) Bowen v. Kendrick, 487 U.S. 263 (1988).

(43) Widmar v. Vincent, 454 U.S. 263 (1981); Board of Education of the Westside Community Schoools v. Mergens, 496 U.S. 226 (1990).

(44) Witters v. Washington Department of Services for the Blind, 474 U.S. 481 (1986); Zobrest v. Catalina Foothills School District, 509 U.S. 1 (1993).
(45) Lamb's Chapel v. Center Moriches Union Free School District, 508 U.S. 384 (1993); Good News Club v. Milford Central School District, 533 U.S. 98 (2001).
(46) Capitol Square Review and Advisory Board, 515 U.S. 753 (1995).
(47) Rosenberger v. University of Virginia, 515 U.S. 819 (1995).
(48) Mitchell v. Helms, 530 U.S. 793 (2000); Zelman v. Simmons-Harris, 536 U.S. 639 (2002).
(49) Lee v. Weisman, 404 U.S. 577 (1991); Santa Fe Independent School District v. Doe, 530 U.S. 290 (2000).

（髙橋義文訳）

4 「教会と国家の分離」の歴史——その虚実

ここ十年ほどの間に、教会と国家の分離の歴史を主題とした、真剣で地道な作業に基づく新しい重要な書物や論文、報告や判決意見が出されるようになった。[1] 今やわれわれは、一八〇二年にダンバリー・バプテスト同盟に宛てたトマス・ジェファーソンの有名な書簡から、一九四七年の最高裁判所判決「エヴァーソン対教育委員会」におけるヒューゴー・ブラック判事の意見にいたる、分離主義者の主張の歴史について非常に多くのことを知ることになった。われわれは、カトリックやユダヤ教徒やその他の少数教派および十九世紀後半から二十世紀初頭にかけての移民集団に反対したクー・クラックス・クランをはじめとする移民排斥主義者たちが分離主義の主張にほどこした醜悪な操作について、以前より多くのことを知っている。そして、ブラック判事が、あの有名な「エヴァーソン」判決の意見を練り上げる際に、移民排斥主義者たちの教え、とくにかれ自身その会員であったクー・クラックス・クランの教えから鼓舞と指示を受けていたことを、以前より多く知るようになった。

しかし、この新しい歴史が、歴史的記録に独自の大きな歪みをもたらし始めているという面もある。第一の歪みは、教会と国家の分離の原理が、トマス・ジェファーソンをはじめとする十九世紀の反聖職者・反宗教的エリートたちの考案になるものであるという議論である。第二の歪みは、この原理が、十九世紀後半の移民排斥主義者によって乗っ取られたという議論である。すなわち、かれらは、反宗教的でないにしても反カトリックであって、十九世紀アメリカの法律に種々の偏見に満ちた変更をもたらした、そしてそれは、教会と国家の分離の名においてなされたが、信教の自由に害を及ぼすものであった、というのである。(2) 近年さまざまなところで、教会と国家の分離の原理には浅い歴史しかなく、その系譜は怪しげなものであるゆえに、この原理と、とくに宗教団体への国家の資金提供と支援を禁じる古い法律を含むいくつかの厳しい法律を棄てるべきだという議論がなされている。

わたしは、これら二つの最近の議論に異を唱えたい。わたしが資料を読んだ限り、そこで得た結論は、教会と国家の分離には、いくつかの最近の史料が認めるよりももっと長い歴史と、もっと複雑で健全な系譜があるということである。一八〇二年にジェファーソンがダンバリーのバプテストたちに宛てて書簡を書いたそのはるか以前に、十八世紀のアメリカの建国者たちは、教会と国家の分離について少なくとも五点にわたる明快な理解を持っていた。その中には千年に及ぶ西洋世界に源泉を有するものもある。それらの理解はいずれも、十八世紀および十九世紀、信教の自由を守る上で重要な貢献をしてきただけでなく、今日のわれわれにとっても永続的な教訓となっている。

アメリカの分離主義のヨーロッパにおける起源

教会と国家の分離は、際立ってアメリカ的で比較的近代の考案であると見なされることが多い。しかし実際には、分離主義は聖書に根ざす古代西洋の教えである。ヘブライ語の聖書では、古代イスラエルの選ばれた民は、周囲の異邦世界から分離するように命じられ[3]、レビ族や神殿の働き人をその他の民から分離するよう命じられていた[4]。ヘブライ語聖書はさらに、「城壁」の建設と再建ついても多く述べているが[5]、それはエルサレムを外界から守るためであり、神殿と祭司たちを民から分離させるためであった[6]。この古代の伝統は今でも、西壁（嘆きの壁）で行われるユダヤ教の儀式や祈りに象徴として認められる。

新約聖書は、「カイザルのものはカイザルに、神のものは神に返[7]」すよう命じ、世界を治めるには、「つるぎが二振り」で十分であることを忘れてはならないと記している[8]。クリスチャンには、「この世と妥協してはならない[9]」し、世とその誘惑を「避け[10]」て、自らを純潔で敬虔に保たなければならないとの警告が与えられている。パウロは、ヘブライ語聖書に呼応して、律法によってクリスチャンと非クリスチャンの間に立てられた「隔ての中垣」（パリエス・マケリアエ）について文字通り語っている[11]。聖書には、こうしたさまざまな政治的二元論のほかにも多くの二元論が見受けられる。霊と肉、魂とからだ、信仰と行い、天国と地獄、恩寵と自然、神の国と悪魔の国等々である。[12]

初期カトリックの見解

以上のような聖書のさまざまな二元論は初期の教会規則に繰り返されている。そのうち最古の一つが、『十二使徒の教訓』(紀元二世紀ごろ)である。この文書は、周囲の世界から分離するようにとの信者への呼びかけで始まっている。「二つの道がある。一つは命の道で、一つは死の道である。しかし、この二つの道の間には大きな隔てがある」。[13] 命の道は律法と愛の戒めに従う。死の道は、罪と誘惑に屈する。二つの道はどこまでもまったく別物でなければならない。命の道から外れるものは追放されなくてはならない。『バルナバの手紙』(紀元一〇〇―一二〇ごろ)にも同様の教えが記されている。「教えと権威の二つの道がある。一つは光の道、もう一つは闇の道である。これら二つの道はまったく別物である。なぜなら、光の道の上には光輝く神の天使がいるが、闇の道には悪魔の天使がいるからである。一つは永遠から永遠にいます主であり、もう一つは現在の闇の君である」。[14]

このような二元論的な格言やイメージは、東方教会と西方教会を問わず、二世紀から五世紀の後期使徒教父や教父たちの文書に繰り返し出てくる。[15] これらが、西方キリスト教社会で分離主義のモデルとして続いているものの基礎となった。すなわち、純粋なキリスト教的生活と宗教的権威によって統治されている共同体と、政治的な権威によって統治されている罪深く時に敵対的な共同体とを分離することである。この使徒的な分離の理想がもっとも強力で永続的な制度化された形態をとったのが修道院であった。これが、周囲の世界から隔絶した、霊的兄弟姉妹からなる共同体を世界各地に生み出していった。[16] しかし、この意味での分離主義は、引き続きキリスト教神学や説教においても繰り返される霊的な理想であった。そこでは、クリスチャンたちに対し、キリストの教会における命の道を守り、悪魔の仲間たちの死の道を離れ避けるよう絶えず訴えられていた。

五世紀までに、西方キリスト教は、これらの初期の聖書の教えを蒸留しそこから他の分離主義のモデルを引き出した。もっとも有名なのは、ヒッポの司教アウグスティヌス(三五四―四三〇)によって展開された、一つの世界における二つの国のイメージである。その著『神の国』(四一三―四二七ごろ)[17] において、アウグスティヌスは、神の国と人間の国を対比させた。神の国は、救いへと予定され、神の愛によって縛られ、キリスト教的敬虔の生活と道徳とキリスト教の聖職者によって導かれる礼拝に身をささげている人々から成っている。人間の国は、この罪の世界のすべてと、神がわずかな秩序と平和を維持するよう命じた政治的社会的制度から成っている。[18] アウグスティヌスは、時として、この二元論を相互に壁で仕切られ分けられている二つの国として描写した。[19] とりわけ、修道院におけるる隠遁生活と規律、あるいはローマ帝国の迫害下のキリスト教会の初期の苦境について述べたときがそうである。[20] しかし、アウグスティヌスのもっと重要な教えは、二つの国における二重国籍が通常の状態であって、これら二つの国が神の最後の審判で完全にそして最終的に分けられる時まで続くということであった。(21) アウグスティヌスにとって、この世で神の国と人間の国を完全に分離するのは、究極的には不可能なことである。クリスチャンは、たとえ福音の偉大な純粋さに心引かれたとしても、この世の罪深い習慣に縛られてしまっている。クリスチャンは、神の国のみの市民でありたいと願っても、実際には二つの国の権威に服従し続けるのである。

しかしながら、決定的なことは、これら二つの国の中に行き渡っている霊的な権力と世俗的な権力が、機能としては分けられていたということである。たとえキリスト教がローマ帝国唯一の国教となって、ローマの国家に庇護され保護されたとしても、アウグスティヌスおよびその他の教父たちは、国家の権力と教会の権力とは分離されていなければならないと主張した。執政官はだれでも、たとえローマ皇帝であっても、按手を受けた聖職者ではなく一般信徒であった。かれらは、サクラメントを執行し、宗教上の懲戒をする力を持っていなかった。かれらは、聖書の教えと教会公会議の決定と前任者たちの伝統に従わなければならなかった。かれらは、教会の指示と判断およびその霊的規律を受け入れなければならなかった。教皇ゲラシウス(四九六年没)が、四九四年に皇帝アナスタシウスを叱責する書簡で、以下のように述べたことは有名である。

皇帝陛下、確かに、この世を支配する二つの権力があります。教皇の聖なる権威と皇帝の権力です。このうち、祭司の力のほうがはるかに重要です。なぜなら、「最後の審判」では、祭司が人々の王たちのために釈明をしなければならないからです。わが温厚なる息子よ、ご存知のとおり、あなたは、人類に対して最高の位を占めているとしても、神の事柄を担当する者に忠実に服従し、かれらを、自分が救済される手立てと見なさなければなりません。[22]

この「二つの権力」に関する文章は、教皇と皇帝、聖職者と信者、王制と祭司制の間の基本的な分離に関する後代の多くの理論への標準的な典拠となった。[23]

十一世紀から十三世紀になされた教皇制改革において、拡大するキリスト教帝国内で二つの別個の権力が機能するというこのモデルは、法によって統一されたキリスト教国家を二つの剣によって統治するというモデルに転換された。[24]「教会の自由」(リベルタス・エクレジアエ)の名において、教皇グレゴリオス七世(一〇一五—一〇八五)とその後継者たちは、政治的な後援者や擁護者との関係を断って、カトリック教会自体を西方キリスト教国の上位に位置する法的・政治的権威として確立した。教会は今や、教会自体の事柄に対する霊的・礼典的な力すなわちキリスト教帝国内の霊的な職位を越えるものであると主張した。教会は、新たな巨大な司法権を主張し、キリスト教国全体にわたる法を制定し施行する政治的権威であると公言した。教皇と聖職者たちは、低位聖職者、巡礼者、学者、異端者、ユダヤ教徒、イスラム教徒たち個人に対して独占的な司法権を主張した。かれらは、教義、典礼、聖職叙任、教育、慈善、相続、婚姻、宣誓、口頭による契約、道徳的犯罪について、個別司法権を主張した。また、かれらは、教会の特殊な形のキリスト教的公正を要求する世俗的な事柄について、国家の権威と同等の司法権を主張した。[25]

この中世後期の教会による統治と法の制度は、一部、「二つの剣」説に基づいていた。この説の教えによれば、教皇はキリストの代理者であり、キリストは自らの権威をすべて教皇に授与したのである。[26] そしてこの権威は、聖書に述べられている「二つの剣」[27] すなわち霊的な剣とこの世の剣に象徴されていた。比喩的にであるが、キリストは、これら二つの剣を人間世界の最高の存在すなわちキリストの代理者である教皇に委ねたのである。教皇とその下にいる聖職者たちは、キリスト教国全体を統治するために教会法に基づく法律を制定することによって、霊的な剣を振るったこともあった。しかしながら、聖職者たちは、世俗的な剣を、霊的領域の下位にいる世俗的な権威すなわち皇帝、王、君主およびその従者たちに委譲した。これらの者たちは、その剣を、教会「のもの」として、また教会「に代わって」その身に帯びたのである。こうした世俗の執政官たちは、民法を教会法に矛盾しない形で公布した。この「二つの剣」説のもとで、民法は教会法によって本性上先手を打たれていた。国家は教会に対し責任を負っていたのである。[28] 教皇ボニファキウス八世（一三〇三年没）は、一三〇二年、この「二つの剣」説を次のように説明した。

われわれは、福音書の言葉によってこう教えられている。この教会とその権限の中には二つの剣がある。すなわち、霊的な剣とこの世の剣である……この両者はともに教会の権限の中にある。一方はまさに教会の代わりに、他方は教会によって、用いられるべきものである。一方は司祭によって、他方は王や騎士たちによって、しかし司祭の意思と許可によって、用いられるべきものである。なぜなら、一つの剣はもう一つの剣の下に置かれ、この世の権威は霊的な権威に従属すべきであるということが必要であるからである……したがって、もしこの地上の権威が過ちを犯した場合には、霊的な力によって裁かれなければならない。もし下位の霊的権威が過ちを犯した場合には、高位のより有能な霊的権威によって裁かれなければならない。しかし、もし最高位の霊的権威〔すなわち教皇〕が過ちを犯したとしたら、それを裁くことができるのは、人間ではなく神のみである。[29]

二つの共同体、二つの国、二つの権力、二つの剣――これが、最初の千五百年間、西方カトリック教会の伝統において通用した、分離主義の四つの主要モデルである。それぞれのモデルは異なる聖書の言葉を強調した。それぞれのモデルは、教会に関する異なる考え方から出発した。しかし、それぞれの意図は、究極的に教会を国家から分離することであった。一方の極では、二つの共同体という使徒時代のモデルが、生き残るための分離主義すなわち敵対する国家と異邦世界から教会を守るための手段であった。他方の極では、二つの剣に関する中世後期のモデルが、先手を打つ分離主義すなわち統一されたキリスト教国家の内部でこの世の権威にまさる法的支配を行う教会を守る手段であった。

初期プロテスタントの見解

十六世紀のプロテスタント宗教改革は、中世後期の「二つの剣」体制からの自由を要求するものとして始まった。すなわち、教皇専制からの教会の自由、教会法と聖職者の支配からの良心の自由、教会の権力と特権からの国家の役人の自由である。「キリスト者の自由」は、宗教改革初期のスローガンであった。[30] マルティン・ルター（一四八三―一五四六）は、一五一七年に「九五か条の提題」を張り出し、一五二〇年に教会法の書籍を焼き、それが引き金となって初期のプロテスタントたちは教会の規則や権威を激しい言葉で非難し、聖書によって教会と国家を根源から改革しようとした。

しかしながら、プロテスタント宗教改革の四派は、一世代にわたる実験を経て、初期カトリックの伝統が創り出した同じ四つの分離主義のモデルのいくつかの変種に回帰した。すなわち、二つの共同体、二つの国、二つの権力、二つの剣の四つのモデルに新たな強調や適用を加えたものである。

アナバプテストの伝統すなわちアーミッシュ、フッター派、メノナイト、スイス兄弟団、ドイツ兄弟団などは、「二つの共同体」という使徒的なモデルの変種に戻った。ほとんどのアナバプテストの共同体は、小規模で自給自足の強度に民主的な共同体で、かれらが「分離の壁」[31]と呼んだものによって世界から自らを隔離させていった。このような分離した共同体は、キリストの弟子にふさわしい生活、簡素な生活、慈善、無抵抗主義といった聖書的原則によって自らを律した。財産、契約、通商、婚姻、遺産等の問題では、国家や世俗の法律に頼らず、すべてを内部で処理した。[32]

ほとんどのアナバプテストは、国家は堕落した世界の一部で、可能な限り避けるべきだと信じていた。世界は、かつては神の完全な被造物であったが、今や「キリストの完全性から離れた」罪深い体制[33]であって、キリスト教信者が日々関わるものではなくなっている。剣による強制力を行使してわずかばかりの秩序と平和を維持するために、神は執政官を任命し世界が生き残るようにした。したがって、クリスチャンは、納税や資産登録など聖書が命じる範囲で国家に従うべきである。しかし、国家とこの世に積極的に参画し交流することは避けるべきであった。初期近代のアナバプテストはほとんど平和主義者であり、戦争に積極的に参加するよりも、嘲笑や追放や殉教を選んだ。また、ほとんどのアナバプテストは、宣誓、選挙への参加、訴訟、公的な祝祭や儀式への参加を拒否した。[34]

この初期アナバプテストの分離主義は、十七世紀、ロードアイランドの創設者ロジャー・ウィリアムズ(一六〇四—一六八〇)の支持を得た。かれは、一六四三年に、「教会の園と世界の荒野の間に垣根ないし壁[35]」を設けるよう訴えた。この考えは、大覚醒(一七二〇年—一七八〇年ごろ)から生まれたアメリカン・バプテストおよびその他の福音派諸集団によってより精巧なものになった。こうしたアメリカの集団は主として、自分たちの教会を国家の介入から守ることに関心を払った。かれらは、自分たちの集会と礼拝への国家の統制、資産と教会制度への国家の法律の適用、自分たちの集団と聖職者への国家の規制、自分たちの規律と教会運営体制への国家の介入、十分の一税とその他の宗教税の国家による徴収等々といったことからの自由を確保しようと努めた。アメリカン・バプテストの中には、税の控除、民事の免責、資産の寄付といったことまで拒否したグループもあった。国家の便益を受けた宗教団体が、国家に必要以上に恩義を感じ、存続するために国家の庇護に頼り過ぎるようになることを、かれらは恐れたのであった[36]。

ルター派の伝統は、アウグスティヌスの「二つの国」の理論の変種に回帰した。これを高度に展開したものが、マルティン・ルターの複雑な二王国論であるが、その中でルターは霊的な世界とこの世との間に「紙の壁」を考えた[37]。ルターが論じるところによれば、神は、人類が住むよう定められた世界に二つの王国ないし領域すなわち地上の王国と天上の王国を制定された。地上の王国は、被造物と自然の命と市民生活の領域であり、そこでは人は主として理性と法によって物事を進める。天上の王国とは、あがないと霊的な命と永遠の命の領域であり、そこでは人は主として信仰と愛によって物事を進める。これら二つの王国は、義と正義、支配と秩序、真理と知識をともに包含する。双方は、さまざまな形で相互に作用しあい依存しあう。しかし、これら二つの王国が究極的に異なるものであることに変わりはない。地上の王国は、罪によって歪められたものであって、法によって治められる。天上の国は、恩寵によって新たにされるものであって、福音によって導かれる。クリスチャンはこの二つの王国に同時に属している市民であって、常にそれぞれの異なる支配のもとにある。天上の市民として、クリスチャンは、自由な良心を持ち、神の言葉によって完全に生きるよう召されている。しかし、クリスチャンは、地上の市民として法に規制され、神が定めた家族の自然の秩序や役割およびこの地上の王国を治めるために神が制定し維持している目に見える教会に従うよう召されている。ルターの見解では、教会は政治的ないし法的な権威ではなかった。教会には、剣も司法権も、法律に対する日常の責任もない。教会とその指導部は、自らを法的問題から隔離し、御言葉を説き、聖礼典を司り、若者に教義を教え、困窮者を助けるという主要な召しに献身すべきである。教会は法の執行に協力すべきであり、聖職者や聖書教師は、正義に反することをやめるように説き、招かれれば執政官に助言をすべきではあるが、公式の法的権威は国家に属している。地方の行政官は神の副官であって、自然法を詳しく説明し、その地域に神の正義を反映させるよう求められているのである。

カルヴァンによる宗教改革は、「二つの権力」のモデルを基本とする形態の変種に戻った。すなわち、教会と国家はともに、統一された地方のキリスト教国家の中で、互いに分離しながら協力しあう形でそれぞれの力を行使した。カルヴィニストたちは、教会と国家の任務と機能について、その基本的な分離を主張した。ジャン・カルヴァン（一五〇九―一五六四）は、パウロの「隔ての壁」のイメージに頻繁に注意を向けながら、「政治の王国」と「霊の王国」が常に「別個に検証され」なければならないと主張した。なぜなら、「教会の力と市民の力の間には……大きな相違」があるからであり、「まったく異なった性格を持つ二つのものを混ぜ合わせるのは……賢いことではない」からである。(38)しかし、カルヴァンとその弟子たちは、教会が、地方のキリスト教国家を統治する上で一定の役割を果たすべきだとも主張した。カルヴァンのジュネーヴでは、この役割は主としてジュネーヴ教会会議に向けられた。これは、選ばれた市の行政者と教会の行政者で構成され、もともと、婚姻、家族、慈善、社会福祉、礼拝、公衆道徳に関して司法権を持つ組織であった。フランスのユグノー、オランダの敬虔主義者、スコットランドの長老派、ドイツの改革派、イギリスのピューリタンといった後期カルヴィニストたちの間では、ジュネーヴ型教会会議は、牧師、長老、執事、教師の集合体になっていき、かれらが、各地方教会を国家の介入を受けずに治め、公衆道徳の確定と実施については国家の行政者と協力した。(39) こうした初期カルヴィニストの分離主義に関する見解は、ニューイングランドの植民地と州においてとりわけ顕著な発現を見たのであった。(40)

イギリス国教会の伝統は、「二つの剣」理論の変種に回帰したが、そこでは、イングランドという統一されたキリスト教国家における至高の剣を持つのは教皇ではなくイギリス国王であった。(41) 国王ヘンリー八世（一四九一―一五四七）は、一五三〇年代に議会で承認された一連の法律によって、イングランドにおける教会と教皇との間の法的政治的関係をすべて切断した。一五三四年の首長令は、イギリス君主がイングランドの教会と国家の「唯一の至高の頭」であり、霊的およびこの世の事について究極的な権威を有すると宣言した。(42) こうして、イギリス王室と議会は、「祈禱書」（一五五九）と「三九箇条」（一五六三／七一）と「欽定訳聖書」（ジェームズ王訳聖書、一六一一）を公にすることによって、統一された教理と礼典と教会法を確立した。かれらはまた、貧民救済、婚姻、教育等に対する司法・裁判の権限を掌握するとともに、その一部の責任を、聖職者会議と教会裁判所ないし教区の聖職者に委ねた。聖職者たちは、国王とその代理者によって任命され、監督され、解任された。イギリス国教会における陪餐資格は、イングランド国家における市民権の条件と見なされた。国王の定める政策への違反は、異端もしくは反逆として処罰の対象とされた。

この教会と国家の同盟には多くの擁護者が現れたが、そのもっとも著名であったのが、リチャード・フッカー(一五五三―一六〇〇)である。フッカーは、イギリス国教会体制を弁護する長文の文書を著したが、そこでは、イギリスの分離派を非難・叱責した。十六世紀および十七世紀、イギリスにおけるさまざまな非国教会のプロテスタント集団、すなわち、ピューリタン、ブラウン派、独立派、その他の自称「分離主義者」たちは、イギリス国教会と国家に対して、かれら相互の間、さらにはローマ教会と間に従来より大きな分離を呼びかけた。同時にかれらは、自分たちの信者に対して、国教会および国から自らを分離するよう訴えた。フッカーはこうした考えのいずれにも我慢できなかった。かれは、八巻から成る大著『教会政治理法論』(一五九三―一六〇〇ごろ)において、イングランドの教会と国家の間に「自然な分離」があることは認めた。しかしかれは、これら二つの組織が「一人の主たる統治者の下に」なければならないと主張した。(44) フッカーにとって、教会と国家の間に「分離の壁」を立てようとする分離主義者たちは、イギリスの統一を壊すものであり、国王による教会への当然かつ必要な庇護を教会から奪うものであった。この議論から十七世紀初頭の過酷な迫害にいたるにはあと一歩であった。その弾圧が、何千という分離主義者たちをオランダにそして北アメリカへと追いやったのである。

初期啓蒙主義の見解

教会と国家の分離の原則は、初期啓蒙主義にも確固とした起源を持つ。その中でももっとも早くしかも強い影響力があったのは、ジョン・ロック（一六三二―一七〇四）の有名な『寛容についての書簡』（一六八九）である。これは、何人かのアメリカ建国の父祖たちとりわけトマス・ジェファーソン（一七四三―一八二六）に多大な影響を与えた。この書簡で、ロックは、十七世紀のイギリスおよびオランダのリベラルな思想からその本質を抽出して、洗練された議論にまとめ上げ、教会と国家が癒着をやめて、良心の自由を抑圧する腐敗した政策を終わらせるよう訴えた。(45) ロックは、「国家政府の仕事と宗教のそれとを厳密に区別し、両者の間に正しい境界を設けることが、何にもまして必要である」と訴えた。(46) 教会は、「国家から絶対的に分離させ区別させ」なければならないとロックは書いている。(47) というのは、教会は、端的に、「神に受け入れられ、魂の救済にもっとも有効であるとかれらが判断した仕方で公に神を礼拝するために、自らの意志で集い合う任意の集団」(48) であるからである。教会員は、加入するのも脱退するのも自由である。教会の秩序や組織を定め、永遠の命にもっとも役立つと自分たちが考える仕方で規律と礼拝を調整するのも自由である。「この集団では、世俗の財産の保有に関するどのような取り引きも行うべきでないし、行うこともできない。どのような場合であっても、力を行使することはあってはならない。力はもっぱら国家の行政者に属するものだからである[49]」。

逆に言えば、国家の権力は宗教に触れることができないとロックは論じた。国家は、生活と自由と財産を享受するという外的な生活において市民を守るために存在しているにすぎない。「救いを与える真の宗教は、人間の内的な心の説得のうちにあり」、神だけが触れ配慮することができる領域である[50]。人は、「資産の没収、投獄、拷問」であれ、法律で定められた「信仰箇条や礼拝形態」であれ、外的な力によって特定の信仰を強制されることはできない。「なぜなら、法律は処罰なしには力になりえないものであって、内的な事柄に処罰はまったくなじまないからである。外的な力は心を説得するのにそもそも適していないのである[51]」。人々の［宗教的］意見を変えることができるのは、光と証拠だけである。この光は、国家が押しつける身体的な苦痛やその他の外的な処罰から発することは決してありえない。だれでも、信仰の事柄については、「自分で判断するという至高の絶対的な権威を持っている[52]」のである。

ロックはこの命題を過激な結論にまで推し進めることはしなかった。『寛容に関する書簡』は、共通のキリスト教を信じる行政長官と共同体を前提にしていた。かれは、共通善を目指す国家の法律は、「めったに」「個人の良心にとって不法に見えることはない」し、伝統的なキリスト教の信仰や実践と衝突することはまずありえないと確信していた。この共同体には、カトリック教徒やイスラム教徒や「ほかの王に奉仕しその庇護を受けている」その他の信仰者たちが占める場所はない。さらに、「神の存在を否定する者が容認される余地はまったくない」。なぜなら、「人間社会の絆である約束、契約、宣誓は、無神論者をつなぎとめることはできない[53]」からである。ロックはこうした共同体の資質を神学的著作の中でさらに強化している。たとえば、『キリスト教の合理性』や『自然法論』や『教育論』では、単純な聖書の自然法を妥当なものとし、パウロの書簡について論じているものでは、穏健なキリスト教的共和主義の有用性を是認している[54]。

アメリカ建国の父祖たちとりわけジェームズ・マディソン（一七五一—一八三六）に人気のあった、スコットランドのホイッグ党員ジェームズ・バーグ（一七一四—一七七五）は、教会と国家の分離の原則をロックよりも明白に擁護した。バーグは、一七六〇年代および一七七〇年代に大きな影響力を与えた著作[55]で、伝統的な「混合・雑種的で、霊的かつ世俗的な教会体制」が「不健全な結果」をもたらしていることを嘆いた。バーグによれば、教会と国家のそのような融合は、「さまざまな愚行と不正」を誘い、「宗教人を、すべての良識人たちにとって卑劣で醜悪な存在とし、完全な価値が存する宗教の霊性を破壊するであろう[56]」。バーグは次のように要求した。「売春婦の袖の悪臭を放つ無作法な役人を派遣し、連隊の指揮状況を吟味させるために、かれに宗教の聖なる儀式を執行させることをしてはならない。そのような方法で、かれが崇敬しているように装っている宗教を冒瀆することは、そのように冒瀆している聖なる建物の屋根を壊してその頭上に落とすに値するほどの不敬虔である」[57]。トマス・ペイン（一七三七―一八〇九）などに影響を与えた、フランスの革命家コンドルセ侯爵（一七四三―一七九四）は、「宗教と国家を分離すべきこと」について自分の考えるところを、もっと辛らつで反カトリック的な調子で主張したが、それはフランス革命の支配的な見方となった。コンドルセは、「司祭には礼典や宗教的譴責等聖職者の諸機能を自由に行うに任せること」が重要であると譲歩してはいるが、国家は、社会におけるカトリック教会と聖職者の伝統的な影響と特権を除去する措置を講じなければならないと論じた[58]。国家は、「教会の決定にいかなる市民的影響も与えてはならない。婚姻、出生、死亡証明書に関していかなる影響も与えてはならない。また、市民もしくは政治に関わるどの行為にも、教会が介入することを許してはならない。国家と市民との間で起こる訴訟を裁くときは、国家の機能に関わるこの世の権利のためにすべきである。それは、任意団体の会員同士、もしくはそのような団体と一般個人との間に生じる同様の訴訟を裁く場合と同じである」[59]。このような反聖職者的、反カトリック的分離主義の心情は、フランス革命家たちの典型的心情であった。そして、この後数十年にわたって、この種の心情は、カトリック教会の聖職者や資産に対する民衆による政治的攻撃を鼓舞することになった[60]。

アメリカ建国期における「教会と国家の分離」に関する五つの了解事項

十八世紀のアメリカ建国の父祖たちは、このヨーロッパおよび植民地の遺産に依拠しながら、教会と国家の分離の名において少なくとも五つの関心事を明らかにした。

第一に、建国者たちは、国家から教会を守るために分離主義に訴えた。これは、一世紀以来、教会と国家の分離に関して、クリスチャンたちに共有されてきた理解である。それは、後続の世紀において、「教会の自由」もしくは、三一三年のミラノの勅令にいう「宗教団体の自由な活動と行為」[61]をキリスト教の聖職者たちが間断なく求めてきたことであった。教会と国家の分離についてのこの理解は、十八世紀のアメリカで顕著であった。アメリカの建国者たちの主要な関心は、教会の問題を国家の介入から、聖職者を行政者から、教会の資産を国家の干渉から、教会の規則と礼典を政治的な強制と管理から、それぞれ守ることであった。ニューイングランドのピューリタン法律家エライシャ・ウィリアムズ（一六九四—一七五五）は、一七四四年、多くの教会員のためにこう書いている。「教会が、どのような形で神を礼拝し、どのような形の規律を課すべきか」、どの聖職者が「人々によって選ばれる」べきか、といったことすべてについて、国家は「完全に分離」していなければならない[62]。ジョージ・ワシントン（一七三二—一七九九）は一七八五年、「効果的な障壁を立て」、それによって「どのような教会の集まりもその宗教的権利」が脅威を受けることがないようにすべきであると書いた。その中には、困難な状況にある少数派集団としてとくに、ユダヤ教、カトリック、クエーカーを挙げ、かれらにいくつかの温情のあふれた書簡を送っている。(63) トマス・ジェファーソンは政府にたいして、かれが、「宗教組織とその教義や規律や活動に口出しする」と表現したことを行わないようにすべきだと訴えた。「どの宗教団体にも、かれら自身の教義に従って活動を行う時期やかれらに固有の目標を決める権利がある」とジェファーソンは書いている。こうしたことに国家は一切「関わりを持つことはできない」。(64) 十年後、ジェファーソン主義者テュニス・ウォートマン(一八二二年没)が以下のように書いている。

あなたがたには、クリスチャンとして、教会の純粋性と独立性を維持し、宗教を政治から分け、教会と国家との合体を避け、聖職者を誘惑や腐敗や非難から守る義務がある……もしあなたがたが、キリスト教の純粋で素朴な精神を維持せず、政治家たちの狡猾や陰謀が教会の組織に混入するのを防がないとしたら、教会の記録を辱めるだけでなく、平和を破壊し何百万人という犠牲者を出したあの恐ろしく凄惨な光景と同じ状況の再来にさらされるようになるであろう。(65)

教会と国家の分離というこの第一の了解事項は、とくに、平和的な宗教集団が自由な行為を行う権利を有することを保障している州憲法の中に表れている。すなわち、宗教団体が財産を保有し、聖職者やその他の役職者の任命や解任を行い、礼拝、教育、慈善、伝道、埋葬等のための場所を持ち、それらに関する儀礼を行い、成員の参加や脱退の基準を設けることなどが自由にできた。そしてこれらはすべていくつかの初期の州憲法やそれを補足する諸法律に明記されているのである。[66]

この分離主義理解は、自由な宗教活動を保証する憲法修正第一条の中にも暗示されていた。修正第一条の初期の複数の草案や下院で秘密裏に行われた議論の議事録には、宗教的な分派、教派、集団、団体を保護し、かれらが礼拝し財産を持ち活動をする権利を保障する必要について繰り返し記されている。[67] 宗教集団の詳細な権利に対するこの配慮は、下院の論議でなんら否定されていない。したがって、この配慮を、最終的に採択された自由な活動への保障に読み込むことにおそらく誤りはないであろう。

第二に、建国者たちは、分離主義の原理を、教会から国家を守るために使った。これは、後年の西洋における理解であったが、十七世紀と十八世紀には急速に顕著になった。「もっとも過酷な暴政は、王権と司祭職が同一人物に結合したときに行われた」と、一七二三年に『カトーの書簡』の著者たちが書いている。「教会人が国家を支配したとき、かれらは単に二重の権限を手にするだけでなく、二重の傲慢さをも手にし、驚くほどわずかの慈悲しか示さず、良心や財産を著しく軽視し」、さらには国家・政府の領分や要求を無視した。[68] 同様に、ジョン・アダムズ（一七三五—一八二六）は、一七七四年の『教会法と領土法に関する論』において、多くの頁を費やして、中世カトリック教会および初期近代のプロテスタント教会が国家を支配することによって行ったことを記録し、それを「暴虐非道」と呼んでいる。これは、「二つの専制の間の邪悪な連合である」と、アダムズは非常に苦々しく記している(69)。これと同じ歴史からの教訓を引いて、ジョン・ジェイ(一七四五―一八二九)は、かれもその一員であったニューヨークにおける憲法起草会議の出席者に、「政治の専制を排除するだけでなく、虚弱で邪悪な司祭と君主たちが人類を苦しめてきたあの精神的な抑圧と不寛容から人々を防護する」よう訴えた(70)。

教会と国家の分離に関するこの第二の了解事項は、いくつかの州に見られた。牧師など宗教の役職者たちを政治的な役職への参加から排除するという運動に必要な情報を提供することになった。そのような排除は、十七世紀アメリカではピューリタンおよびアナバプテストの間でのみ普通であった。しかし、このような聖職者排除を支持する議論は、十八世紀になるとさらに一般的になった。牧師が政治的な役職に就くと、教会の席に座る仲間の政治家たちを含む会衆に対して、精神的な報復という脅しを用いてその政治的立場を黙認させることがありうると、ごく普通に論じられた。牧師はだれの利害を代表すべきか、だれの利害に奉仕すべきか、すなわち、自分の会衆の利害か、それとも社会成員の利害か、ということをめぐって対立が起こりうる。牧師は、宗教的な会衆と政治的な構成員の両方を代表することから、政治的なプロセスに不均衡な影響を与えかねない。神と国家に仕えようとする牧師は、説教と教育という基本的任務から注意がそらされ、時としてかれらの宗教的な伝達内容を政治的な目的にしてしまいかねない。牧師は、自分が受ける免税権と他のすべての市民に対する課税権とその両方を享受することはできない。それは、代表なき課税という大きな犯罪よりももっと醜悪である。(71) その上、牧師は無能な政治家になることが多かった。ジョン・アダムズによれば、かれらは、「この世のことや商業形態のことを知らなさ過ぎる者ばかりで、政治的なことに関わるにあたって何の利点も持っていない。(72)」

このような議論を通して、最初の十三州のうちの七州、さらにその後十五の州において、牧師が政治的な役職に就くことが禁止されることになった。(73) サウスカロライナ州憲法（一七七八年）には、次のような典型的な文言が見られる。

> 福音に仕える牧師は、本来、神への奉仕と魂の癒しのために献身するものであり、その偉大な義務と働きから逸脱すべきではない。それゆえ、所属宗教団体がいずれであれ、福音に仕える牧師すなわち人の前に立つ説教者には、牧会の機能を果たしている間もしくはその後の二年間は、この州の知事、副知事、上院議員、下院議員、枢密院会員となる資格はない。(74)

第三に、建国者たちは時として、教会と国家の分離の原則を、教会ないし国家あるいはその両者の共謀による不法な介入から、個人の良心の自由を守る手段として用いたことがある。これは、植民地時代のアナバプテストやクエーカーの間に初期およびその後も引き続いて見られた分離主義の理解であった。この議論は、十八世紀のアメリカにおいてとくに顕著となった。「すべての人は、宗教の問題では、自分の良心の声に従う平等な権利を持つ」とエライシャ・ウィリアムズは記した。これは、「政治的支配者であれ教会的支配者であれ、支配者が持つ権利と同等な権利」である[75]。ジェームズ・マディソンもこのことを、『記念と抗議』(一七八五)に書き記し、これを教会と国家との間の「偉大なる障壁」と呼び、個人の宗教的権利を擁護するものであるとした。トマス・ジェファーソンも、有名な『ダンバリー・バプテスト同盟への書簡』(一八〇二)において、教会と国家の分離原則を良心の自由に直接に結びつけている。ジェファーソンの書簡は、挨拶を記した最初の部分のあと、次のように記している。

宗教は人間と神との間においてのみ存在する事柄であって、人はだれも、自らの信仰や礼拝について、他人に説明し意見を述べる義務を負うものではない。政府の立法の権限は行為にのみ関わるものであって、意見に関わるものではないと諸君と共に確信する。わたしは、至高の崇敬の念をもって次のように考える。全アメリカ人民はその行動によって、議会が「国教の樹立と自由な宗教活動を禁じるいかなる法律も制定してはならない」と宣言し、そのようにして、教会と国家の間に壁を築いたのである。良心の権利のためになされた国家の最高意思のこの表明を強く支持するとともに、人間の持つすべての自然権を回復しようとするこのような考え方が前進していることに、わたしは心から満足している。そして、人の社会的義務に反するような自然権は存在しないと確信している。[76]

ここでのジェファーソンの論述では、教会と国家の分離は、個人に対して良心の自然権を保障し、社会的義務に違反したり、それを履行しなかったりしない限り、それを自由かつ十分に行使してよいことになっている。ジェファーソンは、政治と宗教の完全な分離を主張したのではない。実際、同じ書簡のこれに続く段落で、ジェファーソン大統領はこのバプテストの文通相手のために祈りをささげるという宗教的行動を公然ととっているのである。かれはこう書いている。「共通の父、人類の創造者の守りと祝福を求めるあなたがたの親切な祈りを、そのまま諸君にもお返ししたい[77]」。

第四に、建国者たちは、各地の宗教問題を処理する際に、州政府を連邦政府の介入から守るために、教会と国家の分離の原則を用いた時がある。ダニエル・ドライスバックが明らかにしたように、ジェファーソンは分離に関して、このフェデラリスト的司法感覚も強調した。かれは、連邦政府は宗教に関して司法権はない、宗教はもっぱら州および地方政府の問題であるとの見解を何度も語った。かれはそれを、第二期大統領就任演説で次のように述べている。「宗教の問題に関して、憲法は宗教の自由な活動を（連邦）政府に関係のないものと位置づけている、とわたしは考えてきた。それゆえ、わたしは、宗教活動を連邦政府がなすべきこととして処理したことは一度もない。むしろ、それらを、憲法が規定するように、州もしくは教会当局の指導と規律に委ねてきた」[78]。ここでジェファーソンが考えている分離とは、地方における教会と州の関係と連邦政府の間の分離であった。連邦政府は、地方教会の問題に介入することはできなかった。また、連邦政府は、こうした地方教会と地方州政府の対立問題に介入することはできなかった。分離に関するこのフェデラリスト的司法解釈のもとでは、州政府は、自由に、宗教を後援し保護したり、あるいは宗教を禁止し弱体化させたりすることができた。しかし、連邦政府は、同じことをすることからまったく除外されていたのである。

研究者の中には、教会と国家の分離に関するこのような第四の理解を、修正第一条の「連邦議会は、国教の樹立に関していかなる法律も制定してはならない」という規定に帰そうとする者もいる。すなわち、連邦議会は、州の公認宗教の樹立に関していかなる法律も制定すべきでない［したがって、州においては公認宗教の樹立が可能であるとも解釈される］、という議論である。憲法修正第一条が起草されていた一七九八年当時、最初の州である十三州のうちの七州にはまだ何らかの形の公認宗教があり、州議会も憲法会議も、それに先立つ十年間ほどは、しばしば起こった宗教的反対者からの強力な抗議を無視して、公認宗教制度を設け擁護していた。さらに、ちょうどそのころ、ヴァージニアは、「信教の自由の確立」を規定したジェファーソンの法律を、この場合は公認宗教である伝統的なアングリカン教会からの強固な反対をも押し切って通していた。連邦議会の新しい議員たちは、自分の出身地で州の公認宗教を擁護したばかりであるため、州の公認宗教の統制権を新しい連邦政府に譲り渡そうとはしなかった。これは、修正第一条の「に関して（は）」という表現を一見もっともらしく解釈した結果である。とはいえ、この解釈に十分な証拠があるわけではない。国教樹立条項に関するこのフェデラリスト的解釈は、今日の文献の中では顕著になってきており、最近では、いくつかの判決意見において、判事クラレンス・トーマスの想像力を刺激することになった。(79)

第五に、建国者たちは、教会と国家の分離の原則を、宗教活動に参加も支持もしたくない者をそうした活動から守る手段として使用している。植民地時代後期になるとすでにいくつかの宗教団体は、分離主義を利用して、十分の一税の支払いを義務づけ、宣誓への参加を要求し、礼拝に強制的に出席させ、教会財産の登録を義務化するなどの教会の方針に反対する議論を展開している。

十九世紀に入ると、分離主義の文言は、法律、政治、社会の全体における宗教の伝統的な形態や場所、および、宗教における国家の特別な保護、庇護、関与を除去しようとする広範な運動を刺激し始めた。

これこそ、建国間もないアメリカ共和国における教会と国家の分離に関するもっとも新しくもっとも論争的な理解であった。しかしそれは、フィリップ・ハンバーガーが明らかにしたように、十九世紀に流通するようになる表現を獲得し始めたということでもある。最初のよく知られた出来事が起こったのは、一八〇〇年、トマス・ジェファーソンの共和党とジョン・アダムズのフェデラリスト党の間で行われた選挙の論争が過熱したときであった。アダムズの党は、ジェファーソンを、「反キリスト」、新しい「バビロンの娼婦」、「ジャコバン派の不信仰者」、世俗主義者と決めつけ、法に必要な宗教的基盤と、教会と国家の間の必要な協力関係を破壊しようとしていると非難した。一方、ジェファーソンの党は、アダムズを、「ピューリタンの教皇」、「宗教的暴君」と呼び、国全体を、かれの息の詰まるような信仰と、「自由と進歩に頑固に反対する」独りよがりで身勝手なかれを支持する牧師たちに屈服させようとしていると非難した。(80)

こうした非難合戦は、教会と国家の分離の意味と手段をめぐって一世紀の長きにわたって繰り広げられるアメリカの戦いの単なる始まりにすぎないことが明らかになった。その後の戦いは、決闘、フリーメイソン、宝くじ、酩酊、日曜遵守法、奴隷制、結婚、離婚、女性の財産権、女性選挙権、宗教教育、不敬罪の起訴、キリスト教道徳の強制などをめぐってなされた。これらは、連邦議会、裁判所、州、フロンティア、教会と学校、クラブ、投票所といった場所で戦われた。こうした戦いは、多くは言葉による戦争であったが、武器が取られたこともある。この戦いには多くなじみの敵が参加していた。共和党とフェデラリスト党、北部と南部、ネイティヴ・アメリカンと新移民などがそれである。そこには新たに設立された一群の政治集団も加わった。ノー・ナッシング党、アメリカン・プロテクティヴ協会、ナショナル・リベラル・リーグ、アメリカン・セキュラー・ユニオン、クー・クラックス・クランのほか十指に余る新しい集団である。

この大きな十九世紀の戦いに一貫して見られた一つの挿話に焦点を絞ってみよう。それは、分離主義をめぐって繰り返されてきたプロテスタントとカトリックの衝突である。十九世紀アメリカのプロテスタントの間に蔓延した反カトリック主義の長く悲しい歴史はよく知られている。一八〇〇年ごろ、アメリカのプロテスタントとカトリックはその激しかった流血の戦いを過去のものにしようとしたかに見えた。しかし、一八二〇年代以降になるとカトリックの移民が急増し、かれらが職を要求し、学校を建て、慈善団体を結成し、布教を進め、影響力を増すようになると、アメリカ生まれのプロテスタント愛国主義者たちは抗議の声を上げ始めた。カトリックいじめはさながら、牧師やパンフレット作成者たちにとってまるでスポーツに興じるかのような様相を呈するようになった。一八三〇年代、四〇年代になると、暴動が起き、教会は放火され、カトリックに対してさらにひどい言葉による暴虐と弾圧行為が続いた。

近年のいくつかの研究が明らかにしたことによると、教会と国家の分離の原則は、反カトリック戦争の有力な新しい兵器工場となった。外国のカトリックは教会と国家の一体化に賛成だという宣伝がなされた。アメリカのプロテスタントが支持していたのは教会と国家の分離である。したがって、カトリックであることは、教会と国家の分離とアメリカ式の自由に反対することであった。プロテスタントであることは、分離主義とアメリカ式の自由を擁護することである。それゆえ、カトリックいじめは、宗教的熱狂主義の表現ではなく、アメリカ愛国主義の実演であったということである。プロテスタントと愛国主義者は緊密に協力するようになり、時に分離主義擁護のために互いの足を踏むこともあったが、分離主義を擁護しないかどで共にカトリックを非難し拒否した。このすべては、アメリカにおける信教の自由を学ぶ者が耳を傾けるに値する是正されるべきことである。

しかし、この是正された歴史を、タカ派プロテスタント分離主義者とハト派カトリック統合主義者の対立という単純な弁証法として解釈しないことが重要である。教会と国家の分離をめぐるプロテスタントとカトリックの戦いには両面があったことを明らかにしなければならない。カトリックは譲歩もしたが獲得もし、負けもしたが勝ちもしたのである。

第一に、南北戦争前アメリカの多くのカトリック聖職者たちは、かれら自身分離主義者であって、かれらの見解は部分的に、二つの共同体、二つの国、二つの権力という古代教父のモデルに基礎を置いていた。しかも、かれらの相当数は、教会と国家の分離を信教の自由の必須原理と見なし、あら探しや憂慮をするようなこともなくこの原理を受け入れていた。アレクシス・ドゥ・トックヴィルも、『アメリカのデモクラシー』(一八三五)で次のように指摘している。

フランス人の間では、宗教精神と自由精神とはほとんど常に逆の方向に進んでいる。ところがアメリカでは、これら二つの精神は緊密に結合していて、一体となって同じ土地の上で支配している。来る日も来る日も、この現象の原因を知りたいという願いがいや増してゆくのをわたしは感じた。このことを知るためにわたしはすべての宗教団体の信者たちに質問した。とくに種々の信条を保持し、その存続に個人的な関心を持つ牧師たちの団体を探したのである。わたしは自分がカトリックの信仰者であることからことにカトリックの聖職者のところにゆき、まもなく、数人の聖職者たちと親しくつきあうようになった。これらの聖職者たちのひとりびとりにわたしの驚きを説明し、わたしの疑問をうちあけた。その結果、これらの人々はすべてかれらの国で実現されている宗教の平和な支配が主として教会と国家との完全な分離に基づいていると見なしていることをわたしは知ったのである。わたしはアメリカ滞在中にこの点については聖職者にせよ、俗人にせよ一致した意見を持っていない人にはひとりとしてでくわさなかったと言うことにためらいはない。(81)

第二に、プロテスタントによる反カトリックの著作の多くは、アメリカのカトリックへの不当な攻撃として始まったものではなかった。それは、むしろ、プロテスタント主義、デモクラシー、信教の自由、教会と国家の分離に対するローマ教皇の激しい糾弾への反批判から始まったのである。たとえば、教皇グレゴリウス一六世（一八四六年没）は、回勅「ミラリ・ヴォス」（一八三二年）で、ローマ教会から派生したすべての教会と、良心の自由と自由な宗教的活動と言論の自由を市民に許しているすべての国家をあからさまに断罪した。教皇にとって、「良心の自由はすべての人によって保持されるべきであるという主張は、不条理で誤った見解[82]」であった。教皇は、「いかなる書き物であれ、それを出版し人々に普及する自由を非難した……教会はいつも、悪書という疫病を駆逐するために措置を講じてきた[83]」。教皇は、「ベリアルの息子」（悪魔のこと）で、「人類の忌まわしい腫れ物また恥」であり、「『すべてのものから自由』になったと喜んでいる」ルターとその他のプロテスタントを、その「憎悪すべき傲慢さと気位の高さ[84]」のゆえに呪った。さらに悪いのは、「国家から教会を分離し、世俗の権威と聖職者の相互協調を打ち破ろうと強烈な願望を抱く者たちの計画である[85]」と教皇は断じた。教皇によれば、実際には、国家の役人も「この世界の統治のためだけでなく、とくに教会を擁護するために権威を授けられている」のである[86]。

教皇は、強烈な文書『誤謬録』（一八六四）で、以下のような命題を主要な誤謬として糾弾した。

18　プロテスタント主義は、同一の真のキリスト教のもう一つの形態以上の何者でもなく、そこでは、カトリック教会におけると同じ程度に神に喜ばれうる。

19　教会は、真実で完全で完璧な自由を有する組織ではない。創設者である神によって教会に授与された権利は、特別でも恒久的でもない。それどころか、教会が権威を行使する権利や限界を規定するのはこの世の権力に属する……

24 教会には、力すなわち直接的間接的なこの世の権力を利用する権限はない……

55 教会は国家から分離されるべきあり、国家は教会から分離されるべきである。[87]

こうした主要な誤謬に変えて、教皇は、カトリック教会が唯一の真の教会であって、この教会が、中世の数世紀を通じてそうであったように、国家によって妨げられることなく、霊的事柄とこの世の事柄の双方において権力を有する、と宣言した。[88] 六年後、バチカン公会議は、教皇の教えが無謬であると宣言し、プロテスタントを、「教会の神的教導権」をあえて「個々の個人の判断」に従属させたとして、再度「異端」と断罪した。[89]

アメリカのプロテスタントが、このようなただならぬ意見に同じやり方で――後に利子を付けて――仕返しをしたのは、おそらく驚くべきことではないであろう。アメリカ人が耳にした教皇は、プロテスタントの存在とアメリカのデモクラシーと自由の基盤そのものを断罪したのであった。それは、増大するアメリカのカトリック教徒に武器を取るよう効果的に呼びかけたようなものである。多くのプロテスタントは、教皇が好んで過去の中世の権力に言及したことの中に、[90] それによって教皇が統一されたキリスト教国において至高の支配権を主張した「二つの剣」説の亡霊を見た。これは端的に言ってプロテスタントたちが与することのできるものではなかった。都合の良いことに、新しい版が出たマルティン・ルター[91]やジャン・カルヴァン[92]やその他[93]の著作集を武器にして、アメリカのプロテスタントは、十六世紀を通じて声高に用いられた、カトリックとその聖職者に反対する痛烈な表現を多く繰り返した。

少なくとも当初は、アメリカにおける教会と国家の分離に対する声高な称賛とカトリックの教会と国家の統一に対する声高な断罪は、アメリカのカトリックに対する政治的な腹部攻撃であるよりも、教皇制に対する言葉による仕返しであった。やがて、これを政治的にも模倣する者が多く現れ、アメリカのカトリックの聖職者の側に、卑劣な言辞を弄する者たちとりわけ教皇制を支持する者が多く現れたのは避けられないことであった。こうした非難の言葉のやり取りが、反カトリック主義と親分離主義を緊密に結びつけることになるのもまた避けられないことであった。とくに、非宗教的な政治集団によって取り上げられたときがそうであり、かれらが主流派プロテスタントを弁護することはほとんどなかった。

第三に、最後に注意すべきことは、地方で反カトリック的な法律が通過すると、合衆国最高裁判所と連邦議会が、しばしばその指導原理である教会と国家の分離を用いて、カトリック教徒に救いの手を差し伸べるということがあったということである。それは、以下のような最高裁判所判決に見られる。「カミング対ミズーリ州」(一八六六年)において、最高裁判所は、州が、カトリック司祭が南部連合への支持を否定する宣誓義務を怠ったとの理由で説教をする権利を剝奪することはできないという判決を下した。[94]「ワトソン対ジョーンズ」(一八七一年)および「ボールディン対アレクザンダー」

(一八七二)で、最高裁判所は民事裁判所に、教会内の争議を解決する際には最高位の宗教的権威の判断を待ってから決めることを求めたが、それは、この原則をカトリック教会にもあてはめたことが明白である。[95] さらに、「聖三位一体教会対合衆国」(一八九二年)で、最高裁判所は、海外の聖職者との契約を禁じる新しい連邦議会の法律——これはカトリックの聖職者にとって命運を左右する問題であった——を支持することを拒否した。[96]「ブラッドフィールド対ロバーツ」(一八九九年)で、最高裁判所は、国教樹立条項の挑戦を斥けて、連邦政府が、コロンビア特別区におけるカトリック病院建設に資金援助することを支持した。[97]「クイック・ベア対リュップ」(一九〇八年)で、最高裁判所は、連邦政府が、アメリカ先住民に教育を提供するカトリック学校に資金を配分することを支持した。[98]「ベネディクト修道会対シュタインハウザー」(一九一四年)では、死亡した修道士の家族の要求を斥けて、修道院による資産の共同所有を認めた。[99]「ピアース対修道女会」(一九二五年)で、最高裁判所は、公立学校への出席を強制する州の法律を無効とし、それによって、子供たちを宗教的学校の環境で教育することができるというカトリックの両親と学校の権利を保護した。[100] これらの相当数の最高裁判所の判決は、ある意味で、教会と国家の分離の原則の表現でもあった。そして、州レベルの裁判所ではさらに多くのカトリック側の勝訴判決が出ているが、そこでも、分離の原則が、宗教上の良心や聖職者や宗教集団を国家の介入から守るために利用された。[101]

このことは、反カトリックさらには反宗教的な法律がいつも無効にされたということではないし、十九世紀後半に、教会と国家の分離があからさまに差別的な目的に用いられることがあったということでもない。多くの州憲法は、教育の問題や州の資金提供の問題に関連して、教会と国家の分離の精神（教会と国家の分離という用語を直接使っていないとしても）を採用している。三十五州の憲法は、最終的に州と地方政府は宗教学校には資金を交付しないと主張している。十五州の憲法は、州立学校が、「分派的影響」もしくは宗教団体の役職者や機関の支配から自由でなければならないとしている。こうした規定の一部が、カトリックの初等および中等学校の台頭への偏見が増していたその影響によるものであったことは確かである。[102] しかし、それは、バプテストやメソジストの数と力が増大していたことの証左でもあった。これらの教派は、かれらの十八世紀の先人たちにならって、反カトリックとは無関係に、自分たち独自の神学的理由から教会と国家の分離をさらに徹底するよう訴えたのである。

十九世紀後半および二十世紀初期になると、二十九州の憲法が、宗教への州の資金提供禁止の規定の適用を、宗教立学校だけでなくすべての宗教的な運動や機関にまで拡大した。たとえば、ネバダ州憲法（一八六四年）は簡潔に、「それが州、郡、市町村のいずれの資金であれ、いかなる種類もしくは性格の公的資金も、教派のために使用されてはならない」と規定している。[103] いくつかの州は、一八七〇年のイリノイ州憲法の次のような規定の強い表現の影響を受けた。

州議会ならびに、郡、市町村、町会、学校区、その他の公共団体は、どの公的資金によっても教会ないし教派的活動を資金援助してはならない。また、教会や分派的教派によって管理・運営されている、学校、中等学校、神学校、カレッジ、大学、人文研究所や科学研究所などは、どのようなものであれそれを支える手助けをしてはならない。さらに、州ならびにいかなる公共機関も、土地や金銭や個人の資産を、いかなる教会にもいかなる教派的宗教的目的にも供与したり寄付したりしてはならない。(104)

今日、宗教ないし宗教教育への資金投入を禁止する州憲法の規定は、しばしば、「ステート－ブレイン修正」ないし「ミニ－ブレイン修正」と呼ばれている。それは、一八七五年、下院議員ブレインが提出した憲法修正案が僅差で敗れたことに由来している。(105)ブレインなどがその推進派であった、反カトリック的、場合によっては反宗教的、反聖職者的偏見が、いくつかの州とりわけ新しい西部諸州に取り入れられたことは確かである。連邦政府はこれらの新しい州の憲法に、そうした偏見を、州への昇格の条件として押し込んだのである。しかしここでも、この事実を過剰解釈すべきではない。第一に、州憲法の宗教への資金提供禁止の規定は、ブレインなどの活動に先立つものであったし、そこでしばしば使用された文言もブレインの提案した連邦憲法修正案のそれとはかなり違っていた。第二に、州憲法制定会議に出席した代議員で、宗教への政府の援助を禁止しようとした者の中には相当数の聖職者たちがいたが、かれらは、教会と国家の分離に関して慣れ親しんでいた十七世紀のプロテスタントや啓蒙主義の議論を用いた。しかしそれは反カトリック主義や反聖職者主義とは無関係であった。[106]第三に、政府がいくつかの宗教団体への援助に反対した分離主義の議論はしばしば、すべての宗教に対して免税措置をすべきだという議論と結びつけられていた。最終的に、三十三州の憲法が、宗教的な礼拝や慈善や教育のためにのみ供される財産すべてについて免税にするという新しい条項をそこに含めた。他の州も、同様の点について新しい詳細な規定を導入した。[107]これらの新しい免税条項は、単なるピュロスの勝利［犠牲が多くて引き合わないような勝利］ではなかった。すなわち、公的資金の直接投入を命じる政治力を失った宗教団体が代わりに間接的な資金援助を手に入れようとした試みではない。免税条項は、すべての宗教組織に対する差別のない支援を確保することであって、それは、議会から援助を引き出すことができる多数の力を持つ宗教団体に優先的に州の援助を与え続けるよりも、より良い方法として提案されたものであった。[108]

「教会と国家の分離」は、今日どのような位置を占めているか

これまで述べてきたことはすべて、最高裁判所の判決、「エヴァーソン対教育委員会」（一九四七年）によって劇的に変わってしまった。この判決は同時に二つの大きな提議を行った。一つは、最高

裁判所が修正第一条の国教樹立条項を州に適用したことである。「議会は……いかなる法律も制定してはならない」は今や事実上、「州政府は、州立宗教樹立に関して、いかなる法律も制定してはならない」になった。すなわち、教会と国家の分離に関するもともとのフェデラリスト的理解の否定である。二つは、ブラック判事が、国教樹立条項に、かつて自分がクー・クラックス・クランの一員だったころに吸収した反宗教感情に多く覆われそれと軌を一にした厳格な分離主義の論理を読み込んだことである。十九世紀後半の反カトリックおよび時として反宗教的な感情が、突如として国全体に関わる憲法上の義務に引き上げられたのである。

ブラック判事は、修正第一条の国教樹立条項は「少なくともこのことを意味する」と「エヴァーソン」判決を支持して次のように書いた。「州政府も連邦政府も、教会を設立することはできない。どちらも、一つの宗教を援助し、すべての宗教を援助し、あるいは一つの宗教を他の宗教よりも優先して扱うような法律を通すことはできない……多額であれ小額であれいかなる額の税金も、宗教的な活動や機関――それがどのような名称で呼ばれようと――を支持するために課すことはできない。州政府も連邦政府も、公然とであれ隠然とであれ、いかなる宗教的組織や団体の活動にも参加することはできない。またその逆もあってはならない。国教樹立条項が法律上意図していることは、ジェファーソンの言葉を用いれば、『教会と国家の間に分離の壁』を築くことであった」[109]。

その後の判決で、ブラック判事は、「政府と宗教の結合は、政府を滅ぼし宗教を堕落させることになる」と強調した。「宗教は、あまりにも個人的で、聖なるもので、神聖この上ないものであるゆえに、この世の執政官による『冒瀆的な錯倒』は許容することができない[110]」。宗教は他方、あまりにも強力で、邪悪で、貪欲でもあるゆえに、この世の執政官の無制限な錯倒を許容することができない。ブラック判事によれば、国家とその法体系に一歩でも首尾よく食い込んだ「同様の強力な宗教的宣伝者」が、「自分の独自の宗教が完全な支配と主権を獲得することを目指して伝道を続けることは明白である。そして、ほとんどの場合、信教の自由という要塞への攻撃が成功するのは狡猾な方法によってである[111]」。「修正第一条は教会と国家の間に壁を築いてきた。その壁は高く保たれ、難攻不落でなくてはならない。いささかの違反も許してはならない[112]」。

最高裁判所はその厳密な分離主義の論理を、州による宗教教育への伝統的な支援や保護に異議を唱える訴訟に、特別な力を込めて適用した。最高裁判所は、公立学校から宗教を追放し、州による多くの伝統的な支援形態から宗教学校を排除した。「エヴァーソン」判決以降二十件以上の判決において、最高裁判所は公立学校において以下のような事柄を行うことができないとした。すなわち、祈りをささげることや沈黙の時間を設けること、聖書やその他の宗教的な文書を読むこと、聖書や祈禱書を備えること、神学や創造論を教えること、十戒を掲げること、宗教団体の奉仕活動や施設を利用することなどである。同時に、州は、宗教系学校に対して給与を出したり奉仕活動を補助したりすること、標準試験を行う費用を補填すること、州の提供する教科書、消耗品、映画、カウンセリングのサービスを貸与すること、宗教系学校の授業料を税控除の対象とすること等々をしてはならない。[113]

「レモン対カーツマン」判決で、最高裁判所は、初期の判決で示した分離主義の論理を国教樹立条項に関わるすべての案件に使用できるよう一般的な基準に引き上げた。これ以降、国教樹立条項違反のかどで訴えられた法律はすべて、以下のことを証明できた場合にのみ合憲とされることになった。すなわち、（1）目的が非宗教的であること、（2）主たる効果が宗教を奨励もしなければ抑制もしないこと、（3）教会と国家の間に過剰なもたれあいを助長しないこと。[114] 国教樹立条項に付された「レモン」基準は、教会と国家をめぐる多くの伝統的な協力の形態や場に厄介な障害をもたらした。とくに下級審はこの基準を用いて、宗教的慈善活動、社会奉仕、伝道活動等への政府によるあらゆる形態の資金援助および宗教的な礼拝、施設、出版等の政府によるあらゆる形態の利用を違法とした。その結果、州はこうした改革を達成するために訴訟を起こさなくなった。とくに憲法訴訟にかかる政治的財政的コストに神経質となった地方政府は、訴えられる前に早々と自主的に祈りをやめ、十戒を掲示からはずし、宗教への財源を閉じてしまったのである。

教会と国家の分離の名でなされた国教樹立条項に関わる訴訟には、信教の自由を促進するのに役立つものもあった。とりわけ少数派宗教の場合がそうであった。しかし、これらの訴訟には、たった一つの非宗教政党が、たいした憲法上の被害を受けているわけでもないのに、宗教に触れるよくある法律に対し効果的に拒否権を行使できるようにすることによって信教の自由の領域を侵食することに一役買ってしまうということもあった。忘れてならないのは、教会と国家の分離は、国教樹立条項に含まれる一つの原則にすぎず、国教樹立条項は信教の自由を保護する修正第一条に含まれる保障の一つにすぎないということである。もう一つの保障は宗教の自由行使条項である。憲法修正第一条には次のようにある。「議会は、国教の樹立または宗教の自由な活動を禁止する法律……を制定してはならない」。宗教に関するこの二つの条項は信教の自由を保障するために相互に補完的な機能を果たしている。宗教の自由行使条項は、政府が宗教を追放することを禁じている。すなわち、良心に過度の負担をかけ、信教の表現を制限し、宗教を差別することや、教会および他の宗教団体の自律性を侵すことが禁じられている。国教樹立条項は、政府が宗教を指定することを禁じている。すなわち、良心を強制し、宗教的表現の形態を指定し、宗教に便宜を与えるために差別し、教会や他の宗教団体と不適切に同盟することが禁じられている。良心に負担をかけることも、良心を強制することもしてはならない。宗教上の表現を差別することも、特別扱いすることもしてはならない。宗教団体を侵害することも、それらと提携することもしてはならない。したがって次のように理解すべきである。すなわち、修正第一条の宗教の自由行使条項と国教樹立条項は、良心の自由、宗教的表現の自由、宗教的平等、教会と国家の分離を、相互補完的に保護するものである[115]。

教会と国家の分離の原則は、それだけを孤立させて見るならば、頭ごなしにではなく慎重に用いられるときもっとも良く信教の自由に貢献する。分離主義は保持しなければならない。それはとくに、宗教団体を国家が保護するという古代の洞察からして、また信仰者の良心を政府や宗教団体による侵害から守るという近年の洞察からしてそうである。過去は言うに及ばず今日においても、政府の役人が宗教団体の内部の事柄に介入することは憲法上許されていない。一方、宗教団体の役員が政府の部署を宣教や奉仕の道具にしてしまうことも憲法上許されていない。政府は、特定の宗教団体や宗教団体の役員のみの宗教的活動に資金を提供したり、後援したり、積極的に関わったりすることは許されていない。一方、宗教団体は、その中核となる宗教活動のために政府の支援や予算を利用することは許されていない。そうした行動はすべて、教会と国家の分離の原則の中核を侵すものであり、禁止されなければならないことである。

しかしながら、教会と国家の分離の原則もまた制限されるべきであり、公共の場や公立学校や法廷における文化闘争で反宗教の武器として利用してはならない。分離主義は、すべての人のために信教の自由を達成する大いなる戦いにおいて盾と見なされるべきであって剣と見なされてはならない。教会と国家の分離の原則を杓子定規に適用しても益をもたらすことはない。ジェームズ・マディソンは一八三三年にすでに次のように警告していた。「どのような場合でも、宗教の権利と政府の権威との間に、非本質的な事柄についても衝突や疑惑を避けようとするほどに明確な分離の線を引くことは、容易なことではないであろう[116]」。今日この警告はその重大性を増している。近代福祉国家は良くも悪くも、教育、慈善、福祉、幼児保護、医療、建設、都市計画、職場、課税、その他さまざまな規制の網を通して、事実上現代生活のすべての局面に深く浸透している。マディソンの解決は、「政府は、公的秩序を維持し、法的権利への他者の侵害から各宗教団体を保護することを除いて、どのような場合であれ［宗教］に介入することを完全に忌避する」(117)というものであった。社会生活全般とりわけ宗教団体の営みにおける政府の最小限の役割についてのこの伝統的な理解は、たとえそれが理論としていかに魅力的だとしても、実際にはもはや現実的ではない。

こうして、教会と国家の分離の原則を、マディソンが言った「非本質的な事柄」にまで押し付けないようにすることは、マディソンの時代よりも今日のほうが重要になっている。政府は、強制と自由の間に均衡をとらなければならない。国家は、市民をかれらが嫌うような宗教的な儀式や支援、宗教的なプログラムや方針に強制的に参加させ関与させることはできない。しかし、国家は、市民が公的な儀式や行事に、それらが宗教的なものであることを理由に参加させないということはできない。最高裁判所にとって、公立学校におけるキリスト教の祈りや聖書の言葉を校内放送で流すことを禁じることと、同じ公立学校で、沈黙の時間を設けることや十戒を個人的に掲げることを禁止することとはまったく別のことである。宗教教育を直接税金で支援することと、自分たちの子供を信仰で教育したいという親に対して税負担を軽減することとはまったく別のことである。政府の行政者が警察権の中核を宗教団体に委ねることを禁じることと、宗教的なものであれ非宗教的なものであれ任意団体の慈善的な奉仕活動を奨励することを禁じることとはまったく別のことである。政府が、公共の場において、祈りや宗教的儀式を行い、宗教的象徴を掲げることを禁じることと、個人的な祈りや儀式や象徴に公共の場を提供することとはまったく別のことである。分離主義の論理を、「非本質的な事柄」にまであまりにも深く徹底させようとすることは、公共生活と私的生活における宗教の位置を単に「矮小化する」だけではない。それは、スティーヴン・カーターが論じているように[118]、憲法を自然法についての基本的な原則の集成から、地域に限定された生活についての些細な諸規則の寄せ集めに変えてしまい、憲法の力を矮小化することにもなりかねないのである。

教会と国家の分離の原則を厳格に解釈しすぎると、修正第一条を構成する他の原則とりわけ良心の自由と宗教的平等の原則と矛盾をきたす。最高裁判所は、少なくとも、宗教的強制から非宗教的良心を保護するのと同じ程度の熱意を持って、宗教的良心を保護しなければならない。最高裁判所は、少なくとも、宗教と非宗教の平等を確保するのと同じ程度に、宗教の平等な取り扱いを保障することに意を用いるべきである。ある議会や裁判所が、宗教的な個人の良心の咎めもしくは宗教団体の重要な呼びかけを慎重に容認することは、教会と国家の分離の原則に違反することではない。また、政府が、宗教的な個人や組織に、非宗教的な個人や団体にも同じように開かれている州の便益や公共の場や税の還付を同等に利用できるようにすることは、教会と国家の分離の原則に違反するものではない。そのようにしないことは、スチュアート判事がかつて「世俗主義という宗教の国教化[119]」と呼んだことに近づくことである。

個人は、公認宗教からの保護を求めることにおいて、相応の分別を発揮すべきである。十九世紀アメリカの公認宗教体制において、この自由を多く提供したのは裁判所よりもフロンティアであった。フロンティアは公認宗教から逃れる場であり、自分の良心と信仰を同じくする同僚とともに逃れることができる場所であった。今日もフロンティアはこの自由を提供している。それは、小さな町や荒涼とした山中という物理的な場所ではなく、聞きたくない公共的な宗教の声をふるいにかけ、それに耳を閉ざすことができるバーチャルなフロンティアである。

現代技術と現代のプライバシーのおかげで、フロンティアに逃れることは、幌馬車やラバの隊列の時代よりも容易になっている。パット・ロバートソンやジェリー・ファウエルが出てきたらテレビのスイッチを切ればすむことだからである。同様に、伝道者が訪ねてきたら玄関のところで追い返せばよい。気に入らない街角の十字架には目をつむればよい。嫌な祈りが聞こえてきたら耳をふさげばよい。従軍牧師の牧会カウンセリングは受けなければよい。役所のユダヤ教の燭台や星はやり過ごせばよい。教室の壁にある十戒は読まなければよい。宗教的な学生団体には入らなければよい。聖職者の候補者には投票しなければよい。福音派の新聞には目を通さなければよい。カトリックのカウンセラーには相談に行かなければよい。サイエントロジーの専門家の書いたものは読むのをやめればよい。宗教書の訪問販売員が奨める物は断ればよい。扇動者的な牧師には背を向ければよい。このようにバーチャルなフロンティアに逃れることをすべて、法は、必要であれば力を行使してでも擁護するし今後もそうするであろう。そのような宗教からの自主的な自己防衛は、究極的には、もう一つの退屈な憲法裁判に訴えるよりも、はるかに大きな信教の自由をもたらすであろう。

注

（1） たとえば、Mark D. McGarvie, *One Nation Under Law: America's Early National Struggles to Separate Church and State*（Dekalb, Ill.: Northern Illinois University Press, 2004）; Forrest Church, ed., *The Separation of Church and State*（Boston: Beacon Press, 2004）; James Hitchcock, *The Supreme Court and Religion in American Life,* 2 vols.（Princeton, N.J.: Princeton University Press, 2004）; Philip A. Hamburger, *Separation of Church and State*（Cambridge, Mass.; Harvard University Press, 2002）; Daniel L. Dreisbach, *Thomas Jefferson and the Wall of Separation Between Church and State*（New York: NYU Press, 1997）; Stephen M. Feldman, *Please Don't Wish Me a Merry Christmas: A Critical History of the Separation of Church and State*（New York: NYU Press, 1997）; Jo Renee Formicola and Hubert Morken, ed., *Everson Revisited: Religion, Education and Law at the Crossroads*（Lanhan, Md.: Rowman Littlefield, 1997）; Isaac Kramnick and R. Laurence Moore, *The Godless Constitution: The Case Against Religious Correctness*（New York: Norton, 1996）.

（2） とくに、Hamburger, *Separation of Church and State* を参照。

（3） Iエスドラス書七―九、出エジプト記三四・一一―一六、エズラ記六・二一、列王紀上八・五三、レビ記二〇・二四―二五、ネヘミヤ記九・一―一五、一〇・二八―三一、一三・一―三、サムエル記下二二・二六―二七。

（4） 歴代志上二三・一三、申命記一〇・八、エゼキエル書四〇―四二章、レビ記二一・一―二二・一六、民数記八・四、一六・九。

（5） エレミヤ書一・一八、一五・二〇。

（6） エゼキエル書四二・一、エレミヤ書一・一八―一九、一五・一八―二一、列王紀上三・一、ネヘミア記三・一―二二、四・一五―二〇、一二・一七―四二。

（7） マルコによる福音書一二・一七、マタイによる福音書二二・二一、ルカによる福音書二二・二三。

（8） ルカによる福音書二二・三八。

（9） ローマ人への手紙一三・二。

（10） コリント人への手紙六・一四―一八。

（11） エペソ人への第二の手紙二・一四。この聖句の歴史的解釈は以下を参照。Markus Barth, *The Anchor Bible: Ephesians* (Garden City, N.Y.: Doubleday, 1974), 263-65, 283-87.

（12） Oliver D'Donovan, *The Desire of the Nations: Rediscovering the Roots of Political Theology* (Cambridge, Mass.; Cambridge University Press, 1996), pp. 82-119; 193-211.

（13） Philip Schaff, *The Teaching of the Twelve Apostles* (New York: Funk and Wagnalls, 1889), pp. 162-163（翻訳は筆者）. 使徒文書からの同様な定式化が、ibid., 163 n.l. に見える。以下にも同様の文言が見える。申命記三〇・一五、エレミヤ書二一・八、マタイによる福音書七・一三―一四、ペテロの第二の手紙二・二。

（14） Schaff, *The Teaching of the Twelve Apostles,* pp. 227-28.

（15） Ibid., p. 18; Gerard E. Caspary, *Politics and Exegesis: Origen and the Two Swords* (Berkeley, Calif.; University of California Press, 1979); Lester L. Field, Jr., *Liberty, Dominion, and the Two Swords; On the Origins of Western Political Theology* (Notre Dame, Ind.; University of Notre Dame, 1998), 180-398; Adolf von Harnack, *The Constitution and Law of the Church in the First Two Centuries,* trans., F.L. Pogson, ed., H.D.A. Major (New York: G.P. Putnam's Sons, 1910).

（16） Gerd Tellenbach, *Church, State and Christian Society at the Time of the Investiture Contest,* trans., R.F. Bennet (Oxford: Blackwell, 1959), pp. 25 - 29; Marilyn Dunn, *The Emergence of Monasticism: From the Desert Fathers to the Early Middle Ages* (Oxford: Blackwell, 2000); David Knowles, *Christian Monsticism* (New York: McGraw-Hill, 1969); D.H. Lawrence, *Medieval Monasticism: Forms of Religious Life in Western Europe in the Middle Ages* (New York: Longmann, 2001).

（17） Augustine of Hppo, *City of God,* trans., Gerald G. Walsh et al., ed., Vernon J. Bourke (Garden City, N.Y.: Image Books, 1958)［服部英次郎・藤本雄三訳『神の国』一―五巻、岩波文庫、一九八二―九一年］, pp. 84-89［第一巻、九六頁以下］, 460-73［第五巻、七四頁以下］, 483-506［第五巻、八五頁以下］.

（18） Ibid., pp. 494-506［前掲訳書、五巻、七七―八〇頁］.

（19） Ibid., 466-72［前掲訳書、七七頁以下］; Henry Paolucci, ed., *The Political Writings of St. Augus-*

tine (South Bend., Ind.: Gateway Editions, 1962), pp. 241–75, 305–17.

(20) Jean Bethke, Elshtain, *Augustine and the Limits of Politics* (Notre Dame, Ind.: University of Notre Dame Press, 1995); J. van Oort, *Jerusalem and Babylon: A Study into Augustin's City of God and the Sources of His Doctrine of the Two Cities* (New York: E.J.Brill, 1991); Eugene TeSelle, *Living in Two Cities: Augustinian Trajectories in Political Thought* (Scranton, Pa.: University of Scranton Press, 1998).

(21) Augustine, *City of God,* pp. 481–93［アウグスティヌス、前掲訳書、八六頁以下］.

(22) Sydney Z. Ehler and John B. Morrall, *Church and State Through the Centuries: A Collection of Historical Documents With Commentaries* (Newman, Md.: Burnes & Oates, 1954), 10–11.

(23) たとえば、Ernst H. Kantorowicz, *The King's Two Bodies: A Study in Medieval Political Theology* (Princeton, N.J.: Prince University Press, 1957)［小林公訳『王の二つの身体――中世政治神学研究』筑摩書房、二〇〇三年］; Karl Frederick Morrison, *The Two Kingdoms: Ecclesiology in Carolingian Political Thought* (Princeton, N.J.: Princeton University Press, 1964) などを参照。

(24) 二つの力から二つの剣へというイメージの転換については以下を参照。Brian Tierney, *The Crisis of Church and State 1050–1300* (Englewood Cliffs, N.J.: Prentice-Hall, 1964), p. 53.

(25) Harold J. Berman, *Law and Revolution: The Formation of the Western Legal Tradition* (Cambridge, Mass.: Harvard University Press, 1983), pp. 85–119, 165–200; Udo Wolter "Amt und Officium in mittelalterlichen Quellen vom 13. bis 15. Jahrhundert," *Zeitschrift der Savigny-Stiftung* (*Kan. Ab.*) 105 (1988): pp. 246–80.

（26）Brian Tierney, *The Origins of Papal Infallibility, 1150–1350*（Leiden: D.J. Brill, 1972）, pp. 39–45, 82–121.

（27）ルカによる福音書二二・三八。

（28）Otto von Gierke, *Political theories of the Middle Age, trans., Frederic William Maitland*（Cambridge: Cambridge University Press, 1958）, pp. 7–21; Ewart Lewis, *Medieval Political Ideas,* vol. 2（New York: Knopf, 1954）, pp. 506–38.

（29）Ehler and Morall, *Church and State*, pp. 91-92 に見られる。Thierey, *Crisis of Church and State,* p. 180 にその他の原資料が挙げられている。

（30）John Witte, Jr., *Law and Protestantism: The Legal Teachings of the Lutheran Reformation*（Cambridge: Cambridge University Press, 2002）, pp. 33-64 に資料・分析がある。

（31）この表現は、メノー・シモンズのもので、Dreisbach, *Thomas Jefferson and the Wall of Separation,* p. 73に引用されている。同様の見方については、*The Complete Writings of Menno Simons,* c. 1496–1561, trans. L.Verduin, ed., J.C.Wenger（Scottdale, Pa.: Herapress, 1984）, pp. 29, 117–20, 158–59, 190–206 を参照。また、「分離」の呼びかけについては、*Schleitheim Confession*（1572）, art. 4, in Howard J. Loewen, *One Lord, One Church, One Hope, and One God: Mennonite Confessions of Faith in North America*（Elkhart, Ind.: Institute of Mennonite Studies, 1985）, pp. 79–84 をも参照。アナバプテスト（再洗礼派）の分離主義が聖書に起源を持つことについては、*Biblical Concordance of the Swiss Brethren* 1540, trans., Gilbert Fast and Galen A. Peters, ed., C. Arnold synder（Kitchener, Ont.: Pandora Press, 2001）, pp. 56–60 を参照。

(32) Walter Klaassen, ed., *Anabaptism in Outline* (Scottdale, Pa.: Herald Press, 1981), pp. 101-1, 211-32.

(33) *Schleitheim Confession* (1527), art. 6, in Loewen, *One Lord,* pp. 80-81.

(34) Klaassen, *Anabaptism in Outline,* 244-63.

(35) Roger Williams, "Letter from Roger Williams to John Cotton (1643)," in *The Complete Writings of Roger Williams,* 7 vols. (New York: Russell and Russell, 1963), 1: 392.

(36) William G. McLoughlin, *New England Dissent, 1639-1833: The Baptists and the Separation of Church and State,* 2 vols. (Cambridge: Harvard University Press, 1971); William G. McLoughlin, *Soul Liberty: The Baptists' Struggle in New England, 1630-1833* (Hannover: University Press of New England, 1991); Isaac Backus, *Isaac Backus on Church, State, and Calvinism: Pamphlets, 1754-1789,* ed., William G. McLoughlin (Cambridge: Belknap Press, 1968).

(37) Witte, *Law and Protestantism,* p. 87-117 を参照。

(38) *Ioannis Calvini Institutio Relgionis Chrianae* (1559), translated as *Institutes of the Christian Religion,* ed., John T. McNeill., trans. Ford Lewis Battles (Philadelphia, Pa.: The Westminster Press, 1960), bk. 3, ch. 19.15; bk.4, ch. 20: 1-2. および、 John Witte, Jr., "Moderate Religious Liberty in the Theology of John Calvin," *Calvin Theological Journal* 31 (1996): 359-403 をも参照。

(39) Josef Bohatec, *Calvins Lehre von Staat und Kirche mit besonderer Beruecksichtigung des Organismusgedanken* (Breslau: M. and H. Marcus, 1937); Richard C. Gamble, ed., *Calvin's Thought on Economic and social Issues and the Relationship of Church and State* (New York:

Garland, 1992).

(40) John Witte, Jr., *The Formation of Rights: Law, Relligion, and Human Rights in Early Modern Calvinism* (Cambridge: Cambridge Univesity Press, 2007).

(41) Philip Edgecumbe Hughes, *The Theology of the English Reformers* (London; Hodder and Stoughton, 1965), pp. 235-53.

(42) Carl Stephenson and Frederick G. Marcham, ed., *Sources of English Constitutional History,* rev. ed., (New York: Harper & Row, 1972), 311に見られる。

(43) イングランドおよびニューイングドにおける種々の「分離主義者」については以下を参照。Norman Allen Baxter, *History of the Freewill Baptists: A Study in New England Separatism* (Rochester, N.Y.: American Baptist Historical Society, 1957); Edward H. Bloomfield, *The Opposition to the English Separatists, 1570-1625* (Washington, D.C.: University Press of America, 1981); Stephen Brachlow, *The communion of Saints: Radical Puritan and Separatist Ecclesiology 1570 - 1625* (Oxford: Oxford University Press, 1988); Champlin Burrage, *The Early English Dissenters in the Light of Recent Research (1550 - 1641)* (Cambridge: Cambridge University Press, 1912); James Robert Coggins, *John Smyth's Congregation: English Separatism, Mennonite Influence, and the Elect Nation* (Scottdale, Pa.: Herald Press, 1901); 29-68, 128-32; Timothy George, *John Robinson and the English Separatist Tradition* (Macon, Ga.: Mercer University Press, 1982); C.C. Goen, *Revivalism and Separatism in New England, 1740-1800* (New haven, Conn.: Yale University Press, 1962); B.R. White, *The English Separatist Tradition: From the*

Marian Martyrs to the Pilgrim Fathers (London: Oxford University Press, 1971); および Verne Dale Morey, *The Brownist Churches: A Sudy in English Separatism, 1553-1630* (unpublished Ph. D. diss., Harvard University, 1954).

(44) Richard Hooker, *Of the Laws of Ecclesiastical* Polity, ed., Arthur Stephen McGrade (Cambridge: Cambridge University Press, 1989), pp. 129-38.

(45) John Locke, *Letter Concerning Toleration* (1689), in The Works of John Locke, 12th ed., 9 vols. (1824), 5: 1-58. [山田園子訳「『寛容論』日本語版」、山田園子『ジョン・ロック『寛容論』の研究』溪水社、二〇〇六年] ロックはこの後も、同様の書簡を二通ほど書いていて、第四通目の書簡を執筆中に死んだ(一七〇四年)。アメリカでもっとも広く知られているのは、そのうちの第一書簡である。

(46) Ibid., 9.

(47) Ibid., 21.

(48) Ibid., 13.

(49) Ibid., 16.

(50) Ibid., 11.

(51) Ibid.

(52) Ibid., 41.

(53) Ibid., 47.

(54) John Locke, *The Reasonableness of Christianity,* in Locke, Works, 6: 1-158, at 140-143 [服部知文訳『キリスト教の合理性・奇跡論』国文社、一九八〇年]; ibid., *Essays on the Law of Nature,*

ed., W. von Leyden [ca. 1662] (Oxford: Oxford University Press, 1954) [浜林正夫訳「自然法論」『社会・宗教・科学思想篇　第2』〈世界大思想全集〉河出書房新社、一九六二年]; *The Educational Writings of John Locke,* ed. James L Axtell (London: Cambridge University Press, 1968) [服部知文訳『教育に関する考察』岩波文庫、一九六七年]. さらに Nicholas P. Wolterstorff, *John Locke and the Ethics of Belief* (Cambridge: Cambridge University Press, 1996); Jeremy Waldron, *God, Locke, and Equality: Christian Foundations of John Locke's Political Thought* (Cambridge/New York: Cambridge Univesity Press, 2002); John Perry, "Locke's Accidental Church: The Letter Concerning Toleration and the Church's Witness to the State," *Journal of Church and State* 47 (2005): 269-88 をも参照。

(55) Dreisbach, *Thomas Jefferson and the Wall of Separation,* pp. 79-82.

(56) James Burgh, *Crito, or Essays on Various Subjects,* 2 vols. (London: Messrs. Dodsey, 1767), 2: 117-19 (emphasis removed).

(57) Ibid., 2: 118.

(58) Ibid., 2: 119.

(59) Oeuvres *Complètes de Voltaire* (Kehl: De L'Imprimerie de la Societe Litteraire-Typographique, 1784), 18: 476. におけるコンドルセのヴォルテール論を参照。Hamburger, *Separation of Church and State,* p. 60 による翻訳を使用。

(60) Russell Hittinger, "Introduction to Catholicism," in *The Teachings of Modern Christianity on Law, Politics and Society,* ed., John Witte, Jr. and Frank S. Alexander (New York: Columbia

University Press, 2006), ch. 1.

(61) Lactantius, *De Mortibus Persecutorum* [c. 315], 48: 2-12, ed. And tarns. J.L. Creed (Cambridge: Cambridge University Press, 1984), pp. 71-73.

(62) Elisha Williams, *The Essential Rights and Liberties of Protestants* (Boston, Mass.: S. Kneeland and T. Green, 1744), p. 46.

(63) Dreisbach, *Thomas Jefferson and the Wall of Separation Between Church and State*, pp. 84-85 に引用されている。

(64) Thomas Jefferson, Letter to Rev. Samuel Miller (1808), in *The Founders' Constitution*, 5 vols., ed. Philip Kurland and Ralph S. Lerner (Chicago, Ill.: University of Chicago Press, 1987), 5: 98-99.

(65) Tunis Wortman, "A Solemn Address to Christians and Patriots (1800)," in *Political Sermons in the American Founding Era, 1730-1805,* ed., Ellis Sandoz (Indianapolis, Ind.: Liberty Press, 1991), pp. 1477, 1482, 1487-88.

(66) とくに Chester J. Antieau, Phillip Mark Carroll, and Thomas Carroll Burke, *Religion Under the State Constitutions* (Brooklyn, N.Y.: Central Book Co., 1965) を参照。

(67) John Witte, Jr., *Religion and the American Constitutional Experiment,* 2d ed., (Boulder/London: Westview Press, 2005), 80-105, 261-63 に転載されそれについての分析がある。

(68) John Trenchard and Thomas Gordon, *Cato's Letters, or Essays on Liberty, Civil and Religious, and Other Important Subjects* [1720-23], 2 vols., ed. Ronald Hamowy (Indianapolis, Ind.; Liberty

Fund Press, 1995), 2: 467-68.

（69）John Adams, *The Works of John Adams*, 10 vols., ed. J.F. Adams (Boston, Mass.: Beacon Press, 1850-56), 3: 447.

（70）ニューヨーク州憲法（一七七七）第三八-三九条。

（71）John Witte, Jr., "'Most Mild and Equitable Establishment of Religion': John Adams and the 1780 Massachusetts Constitution," *Journal of Church and State* 41 (1999): 213-52, at 242ff.; Hamburger, *Separation of Church and State*, 79-88.

（72）Letter to Abigail Adams (17 September 1775), quoted in Derek Davis, *Religion and the Continental Congress, 1774-1789: Contributions to Original Intent* (Oxford/New York: Oxford University Press, 2000), p. 69. アダムズはジョージア州代議員ジョン・ザブリー（John Zubly）牧師が厳格なカルヴァン主義の立場をとっていたことに苦情を呈している（その立場は、Joel A. Nichols, "A Man True to His Principles: John Joachim Zubly and Calvinism," *Journal of Church and State* 43 (2991): 297 に適切に説明されている）。

（73）Daniel L. Dreisbach, "The Constitution's forgotten Religion Clause: Reflections on the Article VI Religious Test Ban," *Journal of Church and State* 38 (1996): 261-95; Davis, *Religion and the Continental Congress*, 50-51, 73-94.

（74）サウス・カロライナ州憲法（一七七八）第二一条。また、ニューヨーク州憲法（一七七七）第三七—三八条、デラウェア州憲法（一七七六）第三一条をも参照。その後の州憲法では、テネシー州憲法（一七九六）第八条があるが、McDaniel v. Paty, 436 U.S. 618 (1978) で廃止された。

(75) Williams, *Essential Rights and Liberties,* 7-8.

(76) In Dreisbach, *Thomas Jefferson and the Wall of Separation,* 148.（強調付加。）

(77) Ibid.

(78) Dreisbach, *Thomas Jefferson and the Wall of Separation,* 152に引かれ、論じられている。

(79) 以下を参照。*Elk Grove Unified School District v. Newdow,* 542 U.S.1. 46（2004）（Thomas J. conc.）; Zelman v. Simmons-Harris, 536 U.S. 639-677-680（2002）（Thomas J. concurring）; *Van Orden v. Perry,* 125B S. Ct. 2854, 2864（2005）（Thomas J. concurring）。さらに、Stephen K. Green, "Federalism and the Establishment Clause: A Reassessment," *Creighton Law Review* 38（2005）: 761; Symposium, "Interactive Federalism," 56（2006）〈近刊予定〉も参照。

(80) Hamburger, *Separation of Church and State,* 111-43.

(81) Alexis de Tocqueville, *Democracy in America,* trans., George Lawrence, ed., J.P. Mayer（Garden City, N.Y.: Anchor Books, 1969）, 296.（段落は無視。）
[井伊玄太郎訳『アメリカの民主政治』（講談社文庫、一九七二年）（下）二五三-二五四頁。訳文は井伊訳を参考にした。]

(82) Gretory XVI, *Mirari vos*（*On Liberalism and Religious Indifferentism*）（1832）, para. 14.

(83) *Mirari vos,* paras. 15-16.

(84) *Mirari vos,* para. 19. "Belial" means the "spirit of evil personified" or "fallen angel." "Belial," *Oxford English Dictionary*（Oxford: Oxford University Press, 1971）.

(85) *Mirari vos,* para. 20.

(86) Ibid., para. 23.

(87) Pius IX, *The Papal Syllabus of Errors* (1864), in Phillip Schaff, *Creeds of Christendom with a History and Critical Notes,* 3 vols. (New York: Harper, 1877), 2: 213, 217-19, 337.

(88) *The Papal Syllabus of Errors,* 2: 218-33, esp. paras. 20, 24-35, 41-44, 53-54, 75-80.

(89) *The Dogmatic Decrees of the Vatican Council Concerning the Catholic Faith and the Church of Christ* (1870), in Schaff, Creeds of Christendom, 2: 234, 236.

(90) *Dogmatic Decrees of the Vatican Council,* 2: 221, para. 34.

(91) Eric W. Gritsch, *A History of Lutheranism* (Minneapolis, Minn.: Fortress Press, 2002), 179-216; Eric W. Gritsch and Robert W. Jenson, *Lutherantism: The Theological Movement and Its Confessional Writings* (Philadelphia, Pa.: Fortress Press, 1976) を参照。

(92) Wulfert de Greef, *The Writings of John Calvin,* trans., Lyle D. Bierma (Grand Rapids, Mich.: Baker Books, 1993) を参照。

(93) たとえば、John Adams, *A Dissertation on the Canon and Feudal Law* (1774), in Adams, *Works,* 3: 447（カトリックの教会法と法王の権威が自由に侵入していると非難している）を参照。

(94) *Cummings v. Missouri,* U.S. (4 Wall.) 277 (1866).

(95) *Watson v. Jones,* 80 U.S. (13 Wall.) 679 (1871); *Bouldin v. Alexander,* 82 (15 Wall.) 131 (1872).

(96) *Church of the Holy Trinity v. United States,* 143 U.S. 457 (1892).

(97) *Bradfield v Roberts,* 175 U.S. 291 (1899).

(98) *Quick Bear v. Leupp,* 210 U.S. 50 (1908).

(99) *Order of Benedict v. Steinhauser,* 234 U.S. 640 (1914).

(100) *Piece v. Society of Sisters,* 268 U.S. 640 (1925).

(101) Carl Zollman, *American Church Law,* repr. Ed. (St. Paul, Minn.: West Publishing, 1933); W. Torpey, *Judicial Doctrines of Religious Rights in America* (Chapel Hill, N.C.: University of North Carolina Press, 1948) を参照。

(102) John C. Jeffries, Jr. and James E. Ryan, "A Political History of the Establishment Clause," *Michigan Law Review* 100 (2001): 279, 297ff.: Hamburger, *Separation of Church and State,* 219–29, 321–22, 340–41, 412–18.

(103) ネバダ州憲法（一八六四）第一一条一〇項。

(104) イリノイ州憲法（一八七〇）第八条三項。

(105) 4 Congressional Record 5190 (1876); Alfred W. Meyer, "The Blaine Amendment and the Bill of Rights," *Harvard Law Review* 64 (1951): 939; F. William O'Brien, "The Balaine Amendment, 1875-1876," *University of Detroit Law Journal* 41 (1963): 137–205; ibid., "The States and 'No Establishment': Proposed Amendments to the Constitution Since 1789," *Washurn Law Journal* 4 (1965): 182-210; Steven K. Green, "The Blaine Amendment Reconsidered," *American Journal of Legal History* 36 (1992): 38.

(106) Thomas E. Buckley, "After Disestablishment: Thomas Jefferson's Wall of Separation in Antebellum Virginia," *Journal of Southern History* LXI (1995): 445; ibid., "The Use and Abuse of Jefferson's Statute: Separating Church and State in Nineteenth-Century Virginia," in *Religion and*

the New Republic: Faith in the founding of America, ed. James H. Hutson (Lanham, Md.: Rowman and Littlefield, 2000), 41-64; ibid., "A Great Religious Octopus": Church and State at Virginia's Constitutional Convention 1901-1902," *Church History* 72 (2003): 33 に見られる諸例を参照。

(107) 州による宗教への資金提供を明示的に禁止している州憲法三三のうち二七は同時に、このような免税を明白に認め、残りの七州は厳しい調子の法律で事実上これを規定している。Witte, *Religion and the American Constitutional Experiment*, 265-71.

(108) John Witte, Jr., "Tax Exemption of Church Property: Historical Anomaly or Valid Constitutional Precept," *Southern California Law Review* 64 (1991): 363-415.

(109) *Everson*, 330 U.S. at 15-16.

(110) *Engel v. Vitale*, 370 U.S. 421, 430-32 (1962).

(111) *Board of Education v. Allen*, 392 U.S. 236, 251-52 (1968) (Black, J., dissenting).

(112) *Everson*, 330 U.S. at 18.

(113) Witte, *Religion and the American Constitutional Experiment*, 185-232 における詳細な分析を参照。

(114) *Lemon v. Kurtzman*, 403 U.S. 602 (1971).

(115) Witte, *Religion and the American Constitutional Experiment*, 21-106.

(116) Daniel L. Dreisbach, *Religion and Politics in the Early Republic: Jasper Adams and the Church-State Debate* (Lexington, 1996), 117-21, 120 (イタリックは筆者) におけるジャスパー・アダムズ牧師への書簡に見られる。

(117) Dreisbach, *Religion and Politics,* 120 に引用されている。

(118) Stephen L. Carter, The *Culture of Disbelief: How American Law and Politics Trivializes Religious Devotion* (New York: Basic Books, 1993).

(119) *Abington School District v. Schempp,*374 U.S. 203, 313 (Stewart, J., dissenting).

（髙橋義文訳）

結婚

5　サクラメントから契約《コントラクト》へ
――西洋の伝統における結婚、宗教、法――

「結婚のもっとも高貴にして主たる目的は、男女の適切で快活な語らいにある」と、イギリスの詩人にして哲学者ジョン・ミルトン（一六〇八―一六七四）は書いた。「愛すること（語らい）がなければ、結婚生活に残されているのは外的な結婚関係という空虚な殻だけである」。それは、無味乾燥な無用の長物である。とはいえ、適切さが快活さを歪めることがある。配偶者間の率直な会話が非常に痛々しいものになることがあるからだ。逆に、快活さが適切さを歪めることもある。幸福な相互無知ということも場合によってはきわめて魅力的であるからだ。しかし、結婚において適切さと快活さは程良く手を取り合っていくものであるとミルトンは言う。それに失敗すれば、結婚生活も失敗に終わるのである。(1)

今日、結婚について「適切で快活な語らい」をすることは、われわれの対話の一部でなければならない。というのも、結婚はある意味で、個と共同体、啓示と理性、伝統と現代性の偉大なる媒介者であるからである。結婚は、個人にとって避難場所であるとともに共同体のさきがけであり、神の愛の象徴であるとともに理性的合意に基づく制度であり、古代から続く不朽の神秘であるとともに常に新しく造り上げるものでもある。

「適切」であるために、われわれは、結婚と家族の過ぎ去った黄金時代を懐古的・感傷的に語ることはできないし、自由、プライバシー、自律性といった近代の諸概念について近視眼的に語ることもできない。過去の家父長制や父権主義や素朴な道徳的堅固さを無視することはできないし、現代の性革命がもたらす甚大な社会的・心理学的・宗教的代価に目をつむることもできない。結婚について語り合う者は、適切であるために、伝統的な道徳と現代の習慣の双方を、いずれか一方の形態や基準を咎めたり特別扱いしたりすることなく、それらの固有の条件と背景において理解しようと努めなければならない。伝統主義者は「伝統とは死せる者の生ける信仰であり、伝統主義とは生ける者の死せる信仰である」というヤロスラフ・ペリカンの金言に傾聴すべきである。(2) 頑迷な好古趣味や、結婚と家族の変わりゆく要求に対して、独善的に無関心をきめこむことは適切ではない。逆に、近代主義者は「過去に目を向けながら未来へと歩んでいかなければならない」というハロルド・バーマンの教えに留意すべきである。(3) 史実について知ったかぶりをすることすなわち過去の知恵を故意に無視するようなこともまた適切ではない。

「快活」であるために、われわれは、現代のアメリカにおける結婚観や家族生活の危機を乗り越えることができるという信仰を持って語るべきである。今日、結婚と家族は危機に瀕しており、統計はアメリカのそうした現状を赤裸々に物語っている。一九七五年から二〇〇〇年までの間、中絶は全妊娠数のおおよそ四分の一である。すべての子供の三分の一は母子家族に生まれた。全結婚の半数が離婚にいたっている。全アフリカ系アメリカ人の子供の四分の三は父親不在のまま育てられた。「両親のいない」家族の数は毎年倍増している。両親がいる家族の子供と比べて、欠損家族の十代の子供たちは、二倍から三倍の確率で生活面または学習面において問題を抱えているといわれている。一九七〇年から一九九五年にかけて重い有罪判決を受けた少年少女および青年のうち、三分の二以上は片親または両親のいない家族の子供たちである。そのような状況はよく知られている。(4) こうした事実は快活さをもたらすものではない。

あまり知られていないことであるが、快活さをもたらしてくれることもある。それは、西洋の伝統がこの程度の家族の危機には以前も直面したことがあったという事実である。また、市民社会の終焉についての黙示的嘆きの言葉は昔から幾度となく語られてきた。われわれを快活にしてくれるのは、結婚に関する西洋の伝統は、常にそれ自身を回復し再構築する手段を見いだしてきたことである。そしてそれは、性と結婚と家族に関する永続的で発展進化する規範と習慣をめぐって、正統と革新、秩序と自由の間に新しい均衡を見いだしてきた。今日、学者、社会活動家、結婚の擁護者、政治的・宗教的・市民的指導者といった人々が、これらの問題について誠実に熟慮し、その持てる資源を良い働きへと向けさえするなら、回復と再構築の見通しが立つことは確かである。

結婚についてのそのような適切で快活な語らいからわれわれの議論を始めよう。わたしの主張は次のとおりである。現代アングロ・アメリカの婚姻法は二つの伝統から形成されている。一つはキリスト教に、もう一つは啓蒙主義に根ざしている。これら二つの伝統は、あるものは重なり合い、あるものは矛盾する形で、家族に関わるさまざまな法概念や制度を作り出してきた。われわれが、結婚に関する第三の道のいくつかの構成要素を見いだすのは、重層的で創造的な併置関係にあるキリスト教と啓蒙主義の伝統がなす法的な貢献においてである。

キリスト教の伝統における結婚

西洋の伝統は、その当初より、結婚を少なくとも四つの観点でとらえていた。(5) 第一に、結婚は契約《コントラクト》であって、夫婦間の相互同意によって結ばれ、かれらの意志と好みに従うものである。第二に、結婚は宗教的な提携であって、教会の信条、聖書、儀式、規定に従うものである。第三に、結婚は社会的身分であって、財産、遺産、証人に関する特別な国家の法と、地域共同体が期待し強制することに服するものである。最後に、結婚は自然的制度であって、理性と良心、自然と慣習によって教えられる自然法に従うものである。

これら四つの観点はある意味で相互補完的である。なぜなら、各々はこの制度の一つの側面、すなわち、自発的な形成、宗教的承認、社会的合法性、自然的起源をそれぞれ強調しているからである。しかしながら、これら四つの観点は無視できない緊張関係の中にもある。というのは、これらは、結婚の形態と機能に対する競合する究極的な権威の要請と結びついているからである。すなわち、夫婦、教会、国家、自然および自然の神による要請である。西洋における結婚の歴史的形成と今日的変容における いくつかのもっとも深遠な断層線は、究極的にこの緊張状態に発するのである。どのような結婚観が文化にもっとも大きな影響を与えるのか、少なくともどれが論争の中で勝利するのか、契約《コントラクト》的な要素か、宗教的な要素か、社会的な要素か、それとも自然的要素か。どの権威が、結婚と家族問題に対して卓越した、少なくとも断固たる力を行使できるのか。夫婦であろうか、教会であろうか、国家であろうか、それともこれらのどれかを通して働いている神と自然であろうか。

カトリックとプロテスタントと啓蒙主義者は、これらの根本的な問いに答える入念なモデルを同じように構築してきた。それぞれの集団は、結婚観が多様であることを認めた上で、それらの中の一つに優先して着目した。すなわち、カトリックは結婚の宗教的（もしくはサクラメント的）側面に注目し、プロテスタントは社会的（もしくは公共的）側面を強調し、啓蒙主義者は結婚の契約《コントラクト》的（または私的）観点の重要性を力説した。大雑把に言えば、十六世紀まではカトリックのモデルが支配的であった。十七世紀から十九世紀半ばまでは、カトリックとプロテスタントのモデルが、その一方の形態ないし両方の折衷形態によって、西洋の家族法を特徴づけた。十九世紀に啓蒙主義の結婚観が登場し、多くの場合、キリスト教の神学と法の重要性を覆い隠した。したがって、これらの伝統のそれぞれの断片が、近代の結婚観の神学的・法的系図と折り合いながら連なっているのである。

カトリックの遺産(6)

ローマ・カトリック教会は当初、十二世紀と十三世紀の教権改革の過程でその神学と婚姻法を体系化した。その時代に初めて、教会は結婚を、自然的・契約《コントラクト》的・サクラメント的結合として体系的に扱うようになった。第一に、教会は、結婚を、男と女が「生み、ふやし」、神を愛し仕えるように子供を養育するために神が創造された「自然的提携」として教えた。人が罪に堕ちた時から、結婚は肉欲の救済策および人間の自然的欲望を共同体と教会の奉仕へと向けさせる手段であった。第二に、結婚は、夫婦の相互同意によって結ばれる「契約《コントラクト》的構成単位」であった。この契約《コントラクト》は、夫婦が互いに生涯、愛し、奉仕し、献身するように規定し、夫婦また親としての責務の不履行と怠慢を認めなかった。最後に、クリスチャン同士で適切に結ばれるならば、結婚は荘厳な「サクラメント」へと昇華する。結婚における肉体と魂と精神の世俗的結合は、キリストと教会の永遠的結合を象徴するのである。このサクラメントに参与することで、夫婦と教会のために聖別された恩寵が授けられる。結婚する二人は、結婚する資格を有し、結婚形成に関する規定を満たしているならば、このサクラメントを非公開で執り行うこともできた。

このサクラメント神学は、結婚を教会の社会的位階制秩序の中に厳格に位置づけた。教会は、結婚形成、結婚生活、離婚について司法権を主張した。教会は、内的領域における改悛の規定と外的領域における教会法の規定の両方を通してこの司法権を行使した。

しかしながら、教会は、結婚と家族を最高の身分とは見なしていなかった。それがサクラメントでありクリスチャン生活の健全なあり方であるとしても、結婚は、霊的にそれほど高く位置づけられていなかった。結婚は罪の救済策ではあっても義にいたる秘訣ではなかったのである。結婚は、独身生活に従属するものであり、出産は観想よりも価値が低く、夫婦の愛は霊的な愛ほど完全ではないと考えられていた。聖職者や修道士やその他の教会奉仕者は、教会に仕えるために結婚を控えなければならなかった。独身に耐えることのできない者は、教会の聖職や聖務にふさわしくなかったのである。

中世カトリック教会は、この概念を基としつつ、性、結婚、家族生活に関する包括的な教会法を制定し、それを教会裁判所の位階制秩序を通してキリスト教国に遍く施行した。そのため、十六世紀のプロテスタント宗教改革までは、結婚に関する教会法が西洋における卓越した婚姻法であった。結婚に関する市民法やコモン・ローが存在したとしても、それらは、通常、補完的で従属的なものにすぎなかった。

結婚に関する自然主義的見解と調和して、教会法は、避妊、中絶、間引き、子供虐待といったことを、出産と養育という親の自然的義務に反するものとして罰した。また、親近相姦や一夫多妻などの不自然な関係、および獣姦や男色などの不自然な行為をも禁止した。契約《コントラクト》的見解と調和して、教会法は、錯誤、脅迫、詐欺、強制による結婚を無効とし、自発的な結婚を承認した。さらに、夫と妻が同等の権利を持ち、自発的に負う結婚上の責務を守り、家庭において相互に愛することの重要性を強調した。サクラメント的見解と調和して、教会は、有効な夫婦の絆は破棄できないものと宣言することによって、また、信者と未信者の間の、あるいは法、宗教、血縁、家族などの紐帯によって親戚関係にある者の間の無効な結婚を解消することによって、結婚の神聖とその聖別された目的を防御した。教会は、どちらかが純潔の誓いを立てているような結婚の誓いを無効とすることと、聖職者や修道士に結婚や内縁関係を禁じることによって独身制を支持した。

結婚に関する中世の教会法は西洋における法の歴史の分水嶺であった。一方で、それは、聖書や教父のもっとも永続的な教訓と、初期ユダヤ教、ギリシア、ローマなどの法のもっとも卓越した規定から抽出されたものであった。他方、中世の教会法は、今日まで持続する結婚と家族生活に関する基本的な概念と規則を多く生み出した。それは、カトリック、プロテスタント、世俗のいずれの政治形態においても変わることはなかった。とくに、一五六三年のトレント公会議において発布された偉大な教令「タメトシ」は、結婚に関するこの中世の教会法を法典化・精緻化した上で、結婚形成には両親の同意、二人の証人、市民登録、教会による聖別を必要とするとした規則を加えた。一五六六年に同じ公会議で作成された教理問答は、カトリック教国に広く普及し、さまざまな言語に翻訳され、結婚に関するサクラメント神学の重要性を明確にし、聖職者と信徒の双方が利用できるようにした。

プロテスタントの遺産(7)

十六、十七世紀のプロテスタント宗教改革者は、カトリックが主張する結婚のサクラメント的モデルを社会的モデルに挿げ替えた。カトリックと同じく、プロテスタントも家族を出産と相互扶養のために創造された提携であるとする自然主義的見解を保持した。さらに、かれらは結婚が夫婦の相互同意によって結ばれた自発的な結合であるとする契約《コントラクト》的見解も保持した。しかし、カトリックと異なりプロテスタントは、結婚を独身生活より劣るものとは考えず、結婚式をサクラメントとすることを否定した。プロテスタントの一般的な教えによれば、人間は罪深く情欲に誘惑されやすく、神が認めた結婚という処方箋に従わないではいられなかった。独身生活はとくに優れた美徳を有するものではなく、聖務のための必要条件でもなかった。それゆえ、それは内縁関係や同性愛の温床となることが多く、しばし聖務執行の妨げとなった。さらに、結婚はサクラメントではなかった。それは、神によって定められた独立した社会制度であり、厳粛さと社会的責任を、教会、国家、他の社会的組織に対して等しく負うものであった。したがって、結婚への参画に、先行条件となる信仰や純潔は必要とされず、真のサクラメントとは異なり、結婚は聖別の恩寵にあずかるものではなかった。

カルヴァン派の改革者は、結婚を教会のサクラメント制度としてではなく、教会全体の契約《コントラクト》的結合として強調した。結婚契約《コントラクト》を締結するために、多様な人々が役割を担った。すべての結婚を、夫婦、証人、聖職者および神の間の三重の同意ととらえ、夫婦は相互と神の前で婚約と結婚の誓いを立てた。婚約中の男女の両親は、子供たちのために神から遣わされた監督者として結婚に同意した。二人の証人は、友人たちに神から遣わされた司祭として結婚の証言をした。聖職者は、神の言葉の霊的な力を有する者として男女を祝福し、かれらに霊的責務を説き勧めた。為政者は世俗の権能を有するものとして夫婦とその財産を登録し、結婚の法的妥当性を承認した。

結婚の取り決めに、夫婦、知人、聖職者、為政者らが関わることは、意味のない、あってもなくてもよいようなことではなかった。これら四者は、結婚契約《コントラクト》に神が関わるという異なる次元を示すもので、それゆえ、結婚それ自体の合法性に不可欠であった。事実、これらのどれを省くことも、結婚の契約《コントラクト》から神を排除することを意味した。こうして、プロテスタントの契約《コントラクト》神学は、西洋において結婚を有効とするために必要な普遍的条件となる事柄、すなわち、夫婦の相互合意、両親の同意、二人の証人、市民登記、教会による聖別などを統合したのである。

プロテスタントは、結婚は社会的身分として、もはや教会や教会法ではなく、国家や市民法によって規定されるべきであると説いた。確かに、聖職者は、性や親子関係に関して聖書の道徳原則を説き続けるべきであった。教会会議は、国の代理として、結婚を登記し、家庭における不貞と虐待を懲戒するために奉仕することができた。すべての教会員は司祭として、結婚や離婚を望む者に助言を与え、洗礼のサクラメントには教会員の誓約が必要とされるように、洗礼を授かった子供の精神的物質的幸福を豊かなものにすべきであった。しかし、多くのプロテスタントが教えるように、結婚に関する主要な法的権威は教会ではなく国家にあった。

一五二〇年、ルターが教会法典と信条書を焚書にした事件に端的に表されているように、初期プロテスタント神学者がカトリック教会法に激しい攻撃を加えたにもかかわらず、プロテスタントの為政者や裁判官は、結婚と家族に関して教会法の多くを採用した。不自然な結婚を禁止するそれまでの教会法は効力を持ち続けた。家庭内暴力、親の義務の不履行、子供保護などに関する教会法の訴訟手続き等も継続した。また、自由な同意の制度を保護し、近親結婚を禁じる聖書の言葉に従い、家族における夫婦と子供の関係を規定するといった、結婚の正常な遂行を妨害することに関する教会法はおおむね保持された。以上のことを含む旧来の教会法や手続きは、プロテスタント神学ともカトリック神学とも調和しており、ヨーロッパのプロテスタント諸国の新しい婚姻法へとそのまま移植されたのである。

しかしながら、結婚に関する新しいプロテスタント神学は、結婚に関する新しい民事法に重大な変化をもたらした。宗教改革者は、結婚生活が独身生活に劣るという考えを退け、聖職者や修道士の結婚を禁じる法律や、結婚の誓いを無効にする貞操の誓いを認める法律を破棄した。さらに、宗教改革者は、永遠の絆としての結婚というサクラメント的概念を否定したため、姦通、遺棄、虐待、不感症などの理由がある場合、無実な男女については少なくとも再婚の権利を付与するとともに、現代的な意味での離婚を導入した。また、生来情欲的な人間は、結婚という神が与える鎮静剤を必要とするゆえに、宗教改革者は、聖書に示されていないような、結婚を禁じる教会法を多く拒否した。

十六世紀以後、結婚に関するこれら二つのキリスト教モデルが西洋の婚姻法の中心にあった。トレント公会議において確認され精緻化された中世カトリックの結婚モデルは、スペイン、ポルトガル、フランスなどの南ヨーロッパやカトリックを奉じる多くの大西洋両岸の植民地に普及した。一方、ルターの二王国論に起源を持つプロテスタント社会モデルは、ドイツ、オーストリア、スイス、スカンジナビアの一部とその植民地に広がった。さらに、カルヴァン神学に由来するプロテスタント社会モデルは、ジュネーブのカルヴァン派、フランスのユグノー派、オランダの敬虔主義者、スコットランドの長老派、イングランドおよびニューイングランドのピューリタン等において明白な形態をとった。国内、教会、政治の諸問題を重ね扱うアングリカン教会の国家の神学に根ざしたプロテスタント社会モデルは、イングランドと大西洋沿岸の多くの植民地で力を持った。

初期アメリカの蒸留過程

十六世紀から十八世紀にかけて、結婚に関するこれらヨーロッパにおけるキリスト教のモデルは、植民地化と移民という大きな流れの中で大西洋を渡りアメリカへと伝わった。それらは、十九世紀にいたるまで、アメリカにおける婚姻法の神学的基礎の大枠を形成した。

結婚のカトリック・モデルは、初期アメリカでは顕著でなかったが、アメリカ植民地の南部と南西部の諸地域にそのまま適用された。(8)合衆国が、ルイジアナ（一八〇三年）、フロリダ（一八一九年）、テキサス（一八三六年）、ニュー・メキシコ（一八四八年）、カリフォルニア（一八四八年）の諸地域を取得する以前、これらの植民地はスペインの公式の統治下にあり、カトリック教会の公式の司法権下にあった。ミシシッピ川以東の大部分はサンドミンゴやハバナの教会植民地であった。他方、西の大部分はメキシコの教会区であった。カトリックの聖職者や宣教師は結婚のサクラメント神学を講じ、教会組織は結婚に関する教会法、とくに一五六三年にトレント公会議で発布された教令「タメトシ」を施行しようとしたのだった。

文書上の法と実際に実行される法との間には多くの相違が生じるものであるが、とくに、広大で人も疎らな西部フロンティアでそれが顕著であったことは確かである。したがって、宗教当局も政治当局も、夫婦が出産した場合、単なる相互の合意のみによって結ばれた私的な結婚の妥当性を認めざるをえなかった。しかし、教会聖職組織は、夫婦の合意、両親の同意、二人の証人、教会での聖職者による聖別（聖職者が不在の場合は、後に聖別を受けるまで保留とされる「結婚の約束」〈marriage bond〉で代用したことも珍しくなかった）といった結婚形成の法規である「タメトシ」を実行しようと努めた。これらの法規を拒んだ私婚や事実婚の夫婦は時に制裁を受けた。サクラメントを公然と無視した、カトリック信者と非カトリック信者の結婚は強制的に無効とされるばかりか、生まれてくる子供は私生子と断定された。教会当局はまた、自分たちの実質的な支配権が及ばない北部や西部の遠隔地域における離婚や再婚といった現実については、不承不承認めざるをえなかった。しかし、かれらは一貫して、正式に結ばれた結婚はどちらかが亡くなるまで持続される永続的な絆であると教えた。

十九世紀、これらの地域が合衆国によって公式に買収されると、結婚についての司法権は連邦議会に、またそれらの地域が州になってからは州政府へと移された。当初、これらの新しい州政府は、結婚に関するカトリック的伝統の相当部分を拒否した。それによって、アメリカの婚姻法の中に、次の世紀以後にまで及ぶ頑強な反カトリック的要素が、時に悲痛な思いで盛り込まれた。[9] とくに、婚姻法に対する教会の統制、異なる宗教間の結婚、離婚、再婚を禁じる教会法はほとんどすぐさま新しい州法から排除された。しかし、これらの地域におけるカトリックの聖職者は、おおむね自由に教義を説き、かれら自身の教区信徒のためには結婚の教会法を遵守した。カトリックの司祭の前で締結され聖別された結婚は、最終的に、以前スペインの植民地であったすべての地域において承認された。カトリック当局は、押しなべて自由に、自分たちの信徒を指導するために性や結婚や家族生活に関する新しい規律を設定・施行し、それらを州が採用するよう推奨した。それによって、キリスト教的結婚に関する多くの基本的な規範がアメリカのコモン・ローに導入されたが、それはとくに、十九世紀末におけるアメリカ・カトリック教会の急激な伸張に伴うものでもあった。

結婚に関するプロテスタント的モデルは、初期アメリカにおける婚姻法を形成する上でより大きな影響力を持った。一七七六年のアメリカ革命までに、大西洋沿岸部はプロテスタント多元主義の紛れもない混在地域になっていた。ルター派の入植地は、デラウェア、ペンシルベニア、ニューヨークの諸州に散らばっていた。カルヴァン派の共同体（ピューリタン、長老派、改革派、ユグノー）は、ニューイングランド、ニューヨーク、ニュージャージー、ペンシルベニアの諸州およびカロライナ二州とジョージア州の沿岸部で強力であった。福音的な自由教会（バプテスト、メソジスト、とりわけクエーカー）はロードアイランド州とペンシルベニア州を拠点としつつ、その影響力は新しい州や遠方のフロンティアにまで及んだ。アングリカン（一七八〇年以降、エピスコペリアンと呼ばれる）は、ヴァージニア、メリーランド、ジョージアの諸州およびカロライナ二州でもっとも強力であったが、最初の州十三州とそれを越えた州でも大きな力を発揮した。

こうした多様なプロテスタントの教会形態では、結婚の規範や習慣は決して均一ではなかったが、おおむね一致して基本的なプロテスタントの教えを忠実に支持していた。プロテスタントは、カトリックが説いた性、結婚、家族生活に関する同じ基本的なキリスト教的規範の多くを保持したが、カトリックのように結婚をサクラメントとは見なさず、結婚の形成、維持、離婚に対する教会の司法権を拒絶した。かれらは、聖職者の結婚を奨励し、異なる宗教間の結婚を認め、結婚の履行障害に関する法を削除した。さらに、過失があれば離婚を認め、離婚者や未亡人の再婚を奨励した。

しかしながら、結婚と離婚の司法権をめぐる軋轢が、これらのプロテスタントの共同体を鋭く分裂させた。ニューイングランドのカルヴァン派教会は、植民地時代の初期から、結婚有資格者たちが治安判事の前もしくは聖職者の前での結婚のどちらかを選択することを認めていた。アングリカン教会は、『祈禱書』に従い、そのような結婚は「会衆の前で」、正当な資格を有する聖職者によって聖別されなければならないと主張した。北方のカルヴァン派教会は、離婚、無効、親権、財産の分配について裁判所が裁決することを認めた。一方、南部のアングリカン教会は、議会のみがそのような問題を審理し、裁決すべきだと論じた。[10] 司法権をめぐる食い違いは、十九世紀になってようやく解決された。大西洋沿岸の諸州と西部および中部の諸州が、北と南の間の中道を行く方法を提供した。最終的には、ニューイングランドの見解が広く行き渡った。

だが、これらの司法権の問題をめぐる相克を別にすれば、十九世紀および二十世紀初頭における結婚に対するアメリカの法的理解には、大部分、いわゆる「プロテスタント的気風」が伴っていた。[11] どのコモン・ローの権威たちも、結婚のプロテスタント的社会モデルを、この神聖な制度の個人的な幸福と社会的な有用性と道徳的礼節を強調するものとして受け入れた。かれらはまた、初期プロテスタントのモデルから受け継がれた結婚に関する基本的な法も受け入れた。十九世紀の典型的な州法は、州の司法権に関してはは州によってきわめて多様であったが、結婚を、結婚可能な法的年齢に達した結婚にふさわしい男女間における永続的な一夫一妻の結びつきとして、互いに愛し支え、子を出産・保護することを目指すものと規定した。コモン・ローは正式な婚約を要求し、結婚の三週間前に正式な告知を出すように命じる州もあった。未成年の婚約は両親の同意をもって結ばれなければならず、すべての婚約には二人ないし三人の証人が必要であった。また、結婚の許可と登記および市当局もしくは宗教当局の前での挙式などが求められた。モーセの律法に明記されているさまざまな血統や家系による近親結婚は禁止された。さらにコモン・ローでは、どちらかが不能、不妊である場合、また出産を妨げ、相手の健康をひどく害する感染症を持っている場合、結婚は奨励されず、ある州では無効とされた。離婚を求める夫婦は、その意図を公にした上で、裁判所に申請し、妥当な理由と過失を提示し、さらに扶養下にある配偶者と子供を恒久的に養わなければならなかった。刑法は、姦淫、不倫、男色、一夫多妻、近親相姦、避妊、中絶、その他自然的善や性と結婚の目的に反する性犯罪と思われるものを禁止した。不法行為に関する法律は、誘惑、配偶者権の喪失、配偶者の愛情移転についての訴訟にはその影響を受ける第三者を要求した。(12)

啓蒙主義の伝統における結婚

結婚の契約《コントラクト》モデル

啓蒙主義に由来する結婚の契約《コントラクト》主義的モデルは、十七、十八世紀にその輪郭ができ、十九世紀に理論的に精緻化され、二十世紀に法的に導入された。(13) 啓蒙主義の擁護者は、契約《コントラクト》的な視点に新しい、時には排他的に優先権を与える結婚の神学を導入した。かれらの論じるところによると、結婚の本質は、サクラメント的象徴でもなければ、契約《コヴェナント》的提携でも、まして教会や国家のための社会的結合でもない。結婚の本質は、結婚した二人の間に交わされた自発的な協定である。結婚の協定条件は、神や自然、教会や国家、伝統や共同体によって前もって設定されたものではない。この条件は、契約《コントラクト》形成の規則や市民社会の規範に沿ってかれら自身によって決められた。そのような規則や規範は、生命と自由と相手の財産権を尊重すること、および共同体における健康と安全と福祉に関する一般的な基準を守ることを要求した。しかし、結婚関係の形態、機能、期間、境界については、二人の私的な取り決めに委ねられなければならなかった。すなわち夫婦はいずれも、お互いの関係において、また広く市民社会において完全な平等と自由を享受するものであった。今や、夫婦は、自ら自分たちの寝所を築き、自分たちの好みに従って、そこに止まることもできればそこを去ることもできることになったのである。

こうした契約《コントラクト》主義に基づく結婚モデルは、ジョン・ロック（一六三二―一七〇四）がすでにその著作、『統治二論』（一六九〇）で両義的に暗示したように、十九世紀および二十世紀には無数の分化と組み合わせによって精緻化された。[14] つまり、啓蒙主義は、単一の統合された運動ではなく、ヨーロッパおよび北アメリカに広がったさまざまな学問分野と社会集団における一連の変化を伴うイデオロギー運動であった。しかしながら、啓蒙主義は、基本的な主題に基づく多様な形態にもかかわらず、契約《コントラクト》としての結婚という公式化においてはまったく一致し、契約《コントラクト》主義の線に沿って伝統的な婚姻法の改革を一貫して主張した。

このモデルの源泉が単にイデオロギーの恣意的な判断ではなかったことは強調しておかなければならない。啓蒙主義のモデルは、当時の結婚に関する伝統的キリスト教教義に付随する悪習に向けられていたのである。たとえば、伝統的な教義では結婚に両親の同意が必要であり、したがって子供が結婚を決める際に両親には多大な裁量権があった。企業的野心を持つ親の中には、この教義を、商売上の交渉の方便から自分たちが取り決めた結婚を子供に強制する手段に用いたり、子供たちの愛情に高い値をつけた者に自分たちの結婚承諾書を売りつける手段に利用したりする者もあった。教会による結婚の聖別という伝統的な教義は、聖職者にとって、教区の信徒の愛情表現を詮索する効果的な道具となった。企業的野心のある聖職者の中には、この教義を利用して、結婚の聖別をすることで多額の金銭を巻き上げたり、結婚しようとする二人やその両親の意思を公然と無視して差し出がましい仲人役を演じたりする者もあった。コモン・ローによる妻の財産に関する伝統的な原理は、妻の人格と財産を夫のそれに組み込み、夫を家族管理の首位者にした。企業的野心のある夫の中には、この原理を、妻の行動やあり方を事細かく監視する道具として用いたり、ひどいときには、しばしば法的免責を得て、妻や子供に対して容赦ないあらゆる暴力を加える手段として用いたりする者もあった。姦通に関する伝統的な教義は、両親の不倫の悲惨な値を無実の子供たちに負わせていた。そのような戯れの恋で身ごもった子供は人工中絶されるか、出産時に絞殺された。生きのびたとしても、かれらは市民権や政治的権利や財産権をほとんど剝奪された非嫡出子として扱われた。啓蒙主義の擁護者が、伝統的な結婚とその法の相当部分を剝ぎ取って結婚の契《コントラクト》約的な核だけを残したその理由の一端は、当時行われていたキリスト教的結婚モデルに顕在化していた以上のような悪習であった。

啓蒙主義の擁護者は、結婚の西洋の法的伝統における健全で宗教的と考えられていた多くの事柄の廃止を推奨した。かれらは、両親の同意、教会による聖別、公的な証人といった要求事項の廃止を求めた。また、異性間の一夫一妻という称賛されてきた社会的地位に疑問を投げかけ、そのような問題は個人の話し合いに任せるべきだと主張した。啓蒙主義者たちは、財産を受領し、所有し、譲渡することや、契《コントラクト》約を結び商売を始めることや、職場や公共の場に対等な立場で参加することにおいて、夫と妻の完全な平等を要求した。さらに、結婚無効の手続きを教会に委ねている状態を糾弾し、結婚無効と離婚に関する法律は双方とも完全に州の司法権の下へと統合されそこで展開されるべきであると強く要請した。かれらは、両親による子供虐待には厳罰を要求し、嫡出子、非嫡出子を問わず、子供の適切な養育と教育を州が保障するように働きかけた。

結婚改革を求めるこの契約《コントラクト》主義の福音はあまりにも急進的であったため、十九世紀、アメリカの法律を多く変更することはできなかった。しかし、この契約《コントラクト》主義の福音は、二十世紀アメリカの婚姻法改正に必要となる多くの課題を予期させるものであった。改正の第一波は、一九一〇年から一九四〇年にかけて頂点に達したが、西洋的伝統の中で受け継がれてきた結婚に対する基本的な価値観を否定することなく、伝統的な家族と市民社会にもっと充実した平等と公正をもたらすように計画された。改正の第二波は、一九六五年から一九九〇年にかけて頂点に達したが、伝統的な結婚の卓越性とそれを長年維持してきた西洋的伝統の基本的価値観を打ち破ることを目指しているように見えた。

第一波法改正(15)

二十世紀初頭の広範にわたる新しい諸法律は、最終的に、結婚女性の人格と財産を結びつける法的紐帯を断ち切った。結婚女性はついに、独自の財産の所有権と、結婚の際に持ち込んだあるいは結婚後に取得した財産に関する独自の契約《コントラクト》権と訴訟権についてそれを行使する権利を得た。また、夫の妨害を受けずに自分の財産について訴訟を起こす権利も手にした。このように財産に関する女性の権利が拡大するにつれ、(結婚した) 女性は高学歴や知的社会、商業組合や団体、さまざまな専門職、職業、社交界におけるより広い範囲の権利を徐々に獲得し、最終的に参政権を得るにいたった。それまで、そのほとんどは慣習や法律によって女性におおかた閉ざされていたものである。

新しい法律には次のような決定もあった。それは、結婚の無効や離婚の場合、未成年の子供を保護するにもっとも適した親に子供の親権を与える決定権を裁判所が持つことになったということである。これは、親権を、父親が結婚破棄の原因であることの如何を問わず自動的に父親に帰すると定めた伝統的な法的措置を覆すものであった。今や、とくに、子供が幼年である場合や、夫が冷酷で虐待的で保護者として不適切である場合は、妻が結婚後親権を手にするようになった。裁判所は、過失のある夫を有罪とし無実の妻へ扶養料を支払わせる伝統的な力を保持した。それとともに、無実の妻が子供を養育するため、結婚財産を「理にかなった」別個の配分をする新たな力をも得たのであった。

新しい法律はまた、家庭の内外で未成年の子供にそれまで以上に大きな保護を与えた。子供に対する暴行や虐待を禁止する新しい堅固な法は、とくに暴力的な両親や保護者のもとで苦しんでいる子供に訴訟手続きによる実質的な保護を与えた。新しい税による大きな額の歳出が、孤児や子供保護の慈善活動のために充てられた。中絶や間引きは新しい厳格な刑法によって禁止された。子供の就労は厳格に禁止された。子供が教育を受ける機会は、公立学校の拡充により男女ともに実質的に増加した。非嫡出子は、実の親が再婚するとか適当な親の養子となることで嫡出と認定されることが以前より容易になった。事実婚による非嫡出子は、とくにその子供が引き続き両親のどちらかの保護のもとにあるならば、自動的に非嫡子となることはなくなった。

この第一波法改正は、伝統的な結婚や家庭生活を廃止するのではなく、むしろその向上を図るものであった。二十世紀初頭のほとんどの法の専門家たちは依然として、結婚に対する伝統的な西洋的理念を、法的な結婚承諾年齢に達し結婚する資格のある男女の恒久的な結びつきとして受け入れていた。またかれら法の専門家たちのほとんどは、結婚の善についてのアウグスティヌスの『信仰、子孫、サクラメント』における定義、すなわち、夫婦の犠牲的な愛、慈愛に富んだ出産、市民社会の柱としての結婚の構造的な安定を受け入れていた。これら初期の改正が第一義的に目指した目標は、伝統的な家族や共同体から父権主義や家父長制を排除し、結婚と家庭生活の理念を万人にとってより実現可能な現実とすることであった。

第二波法改正

同じ判断を、一九六五年から一九九五年にかけて起こった第二波法改正に簡単にあてはめることはできない。一九六〇年代後半以降、アメリカの専門家たちは、結婚の啓蒙主義的な契約《コントラクト》モデルを徹底させ、より急進的な結論を導き出したからである。以前に伝統的な婚姻法を変革する動きを駆り立てたのと同じ自由、平等、プライバシーといった啓蒙主義的理念が、今では伝統的婚姻法全体を否定するために広く用いられるようになった。結婚に関する当初の啓蒙主義的理念、つまり相互に愛し、子を産み、保護し合うために作られた恒久的な契約《コントラクト》的な結合としての結婚という理念は、それぞれの配偶者の欲求を満たすために作られた「最終的な性的契約《コントラクト》」としての結婚という新しい結婚の現実へと次第に道を譲った。(16)

結婚に関する啓蒙主義的法思想の意見の指標であるとともに結婚に関する旧来の慣習の鏡でもある「結婚と離婚に関する統一法」(一九八七年)は、これらの法変化を反映している。統一法によれば、結婚は「配偶者同士の合意を根幹とする市民的契約《コントラクト》から生じる男女間の個人的な関係」と簡潔に定義されている。(17)歴史的には、有効な結婚の契約《コントラクト》には両親や後見人の同意、二人の証人の証言、教会による聖別、市の許可書と登記が必要であった。統一法では、すべての結婚に対して許可証と登記、未成年者に対して両親の同意という最低限の形式的な手続きが要求されるだけである。これらの要求に違反する結婚の契約《コントラクト》も、結婚の契約《コントラクト》成立後九十日以内に当事者自身が契約《コントラクト》の解消を申し立てない限り有効と見なされ、別になされる法的攻撃を受けることはない。(18)歴史的には、未成年、不能、飲酒癖、近親関係、相性の問題、不妊、不感症、重婚等の障害は、結婚を破棄するか無効と見なし、種々の関係者からの非難を受けることになった。また、これらの障害が法に反することを知りながら結婚した夫婦は、民事的・刑事的制裁に服することになっていた。一方、統一法では、制裁に条件をつけず、結婚を無効とする選択権を夫婦のみに与えた。統一法は、同意の権利を保護するとともに、結婚を妨げる障害については旧来の事項をあらためて確認している。すなわち、病弱、精神的無能力、人を無能にするアルコールやドラッグ等の理由で契約《コントラクト》を結ぶ能力に欠ける場合や、結婚の契約《コントラクト》に暴力、脅迫、詐欺、強制が入り込んでいる場合は、結婚を解消することができることを夫婦に認めた。[19]しかし、統一法は、その他の結婚障害事項を、重婚や「半分血縁関係もしくは完全な血縁関係にある親族」、あるいは「養子縁組による男女」間の結婚を禁止する事項に限定した。[20]統一法を採用した多くの州では、重婚を禁じる項目を除いて、すべての障害事項を個々の事例に一様に適用することは差し控えられている。

「結婚と離婚に関する統一法」におけるこれらの規定は、連邦最高裁判所が「ラヴィング対ヴァージニア」（一九六七年）の裁判で初めて明確に宣言した近代アメリカ合衆国憲法の基本原理を反映している。「結婚する自由は、長い間、自由な人間が幸福を秩序正しく追求するために本質をなす重要な人権の一つである。結婚は、『人間の基本的な公民権』の一つであって、存在と生存そのものにとって必要不可欠である……」。[21]この原則を用いて、最高裁判所は次のことを否定した。すなわち、結婚する権利に課せられる過度の義務、異人種間結婚の州による禁止、養育費の支払い義務を負う親権を持たない両親が結婚する場合に義務づけられている法的許可取得の要求、囚人が結婚する場合に義務づけられている刑務所長の許可取得の要求である。[22]統一法の起草者の報告によれば、結婚契約《コントラクト》の自由に関するこの同じ原則によって、州裁判所や議会は結婚形成のための伝統的な諸手続きの大半を除去した。

最高裁判所は、この結婚契約《コントラクト》の自由の原則を、家庭内の性的プライバシーに関するより一般的な権利に拡大した。[23] たとえば、「グリスウォルド対コネチカット」（一九六五年）判決では、最高裁判所は、夫婦による避妊具の使用を禁じる州法を、子供を産む産まないを選択する自由を侵害するものとして否定した。[24] 一九七二年の裁判で、最高裁判所はその法的解釈を次のように明確にした。「夫婦は、精神と心を持つ独立した統一体ではなく、それぞれ別個の感情と知性を持つ二人の個人の提携である。もしプライバシーの権利に何らかの意味があるとしたら、それは、結婚していようと独身であろうと、子供を産む産まないの決定のように、個人に深く影響を与える事柄への政府による無用の介入から自由である個人の権利である」。[25] 「ロウ対ウェイド」（一九七三年）判決で、最高裁判所は、このプライバシーの原理を拡大して、既婚もしくは未婚の女性が、妊娠第一期の間に、州、夫、両親、その他の第三者からの介入を受けずに中絶することができる権利を認めた。[26] 今日でも結婚した女性は中絶の際に夫の許可を得る必要はない。「ムーア対イースト・クリーヴランド」（一九七八年）判決において、最高裁判所は、同一家屋に大家族が共住することを禁じる市の土地利用規制条例を違憲とした。[27] 「キルシュバーグ対フィーンストラ」（一九八一年）判決で、最高裁判所は、配偶者と共有している財産を、家族の「頭また主人」である夫が一方的に管理する権利を認めた州の条例を否定した。[28]

これらすべての事件で、配偶者の間の私的契約《コントラクト》は、市民の健康と安全と福祉における一般的な州の利益にまさるものと見なされたのである。

州の議会と裁判所は、結婚契約《コントラクト》と性的プライバシーの自由に関するこれらの原則を結婚の他の側面にも適用してきた。たとえば、多くの州は、結婚前および結婚の契約《コントラクト》を強制することについて旧来控えめであったが、それを破棄した。今日、ほぼ半数の州で採用されている「結婚前の同意に関する統一法」は、個人や共有財産に関わるすべての権利と、「罰則を伴う公共の政策や法規を侵害しない範囲における個人の権利や義務を含む他のすべての事柄」(29)について、結婚に先立って当事者同士が契約《コントラクト》を結ぶことを認めている。この統一法では、自発的意志によらない、良心にもとる、当事者双方の完全な公開に基づかない結婚前契約《コントラクト》を、裁判所が強制することを明白に禁じている。しかし、こうした広範な制限事項の中で、夫婦には、結婚生活における、もしくは別居、解消、離婚といった出来事における人格権利と財産権について、結婚前に明確にしておく自由がある。

同様に、多くの州は、夫婦が、一時的もしくは恒久的な別居の際に、自分たち自身で、あるいは個人的な仲介者を介して、契約《コントラクト》の合意を締結する自由を認めている。「結婚前の合意に関する統一法」は、「夫婦は、どちらかの配偶者が所有する財産の処理、配偶者の保護、子供の扶養、監督、訪問に関する規定を含む文書による別居の合意事項を取り交わすことができる」と規定している。そのような合意事項は裁判所で取り交わすことになっている。したがって、不当性が見いだせなければ、裁判所は、子供に不利になる合意事項があればそれを修正する権利を留保した上で、夫婦の意向に従ってこれらの合意事項を締結させる。また、別居が離婚にいたった場合には、裁判所はしばしば、別居合意文書の内容をほとんど調査なしに離婚評決に盛り込むことがある。

結婚契約《コントラクト》と性的プライバシーの自由に関する同じ原則が、今日のアメリカにおける離婚法に多大な影響を与えている。一九六〇年代半ばまでは、離婚訴訟を起こすために一方の配偶者の罪（不倫、遺棄、虐待など）を証明するとともに、他方の配偶者には、共謀、過失の黙認や容認、挑発などの証拠がないことを証明する必要があった。しかし、今日、この離婚法は破棄されている。ほとんどの州は「無過失離婚」法を公布し、実質的にすべての州で配偶者の一方だけの動議による離婚が認められている。たとえ、無実の配偶者が相手の罪を許し、離婚に反対したとしても、原告が譲らなければ、裁判所は離婚を認めなければならない。統一法と十五の州では、配偶者のどちらか一方の過失を、たとえそれが犯罪のレベルにいたったとしても、考慮に入れることはまったくしていない。残りの州は、過失を、離婚そのものの問題ではなく、子供の親権の問題についてのみ考慮の対象にしている。

すべての州はまた、事実上、離婚の際、夫婦間の結婚財産を一括して分割することも命じてきた。夫婦は、結婚前合意事項あるいは別居合意事項によって自身の財産分割を決定することができる。合意事項に不当性がなければ、裁判所がそれを執行することになる。しかし、そのような合意事項がない場合、裁判所は、結婚家族のすべての財産を単純に合わせ集め、その集めた財産を平等に分割するのである。こうした財産の一括分割は、別居手当など継続的な扶養のような伝統的形態に広く取って代わった。その際、当事者たちの過失や期待や必要を考慮に入れることはない。
現代の離婚法に関するこれら二つの改正は、夫婦のプライバシーと契約《コントラクト》の自由を保護するのに役立った。無過失離婚は、結婚生活の不和や不貞を司法調査や公的記録にさらすことから夫婦を解放した。結婚財産を一括分割することで、夫婦は互いにきっぱりと縁を切り、再婚する自由を得た。この二つの変更によって、夫婦が、国家や他の配偶者による多くの干渉を受けることなしに、かつて契約《コントラクト》を結んだのと同じ程度に容易に効率的に結婚関係を終わらせることできるようになったのである。

未成年の子供を巻き込む離婚の場合も、契約《コントラクト》の自由のこの原則に規定される。子供の親権に関する近年の判決では、夫婦の過失はそれほど目立って問題にされていない。旧来の規則では、母親に重大な結婚の過失や母親としての能力の欠如がない限り、子供の親権は推定上母親に譲与されるというものであった。夫に結婚過失とりわけ不貞、同性愛、売春、性的不道徳などがあることが証明されると、たとえ妻にも結婚過失があるとしても、夫が親権を手にする機会は事実上排除されていた。今日、裁判所による親権の決定は「子供に最善の利益を」とのよく知られる有名な原則に従ってなされている。「結婚と離婚に関する統一法」によれば、裁判所は、親権についての子供の希望、親権に対する親の関心、「子供と親もしくは両親の相互関係」、「家族、学校、共同体への子供の適応」、「親権に関わる当事者たちの精神的、肉体的健康」を考慮しなければならない(30)。統一法は、親権を争う訴訟で配偶者の結婚過失を焦点にすることを希望する配偶者には、それらを証明する重い義務を負わせる一方、「子供との関係に影響を与えない指定親権者の行状については考慮する必要はない」と結論づけた。この新しい基準のもと、母親に親権を措定することは急激に減り、一方で共同・共有の親権とすることが急速に一般化するようになっている。

第三の道の道標

ヘーゲル主義者は次のような弁証法的物語に満足するかもしれない。宗教的規範と教会の制限を優先させるキリスト教的結婚モデルは、個人の選択と契約《コントラクト》の制限に重きを置く啓蒙主義的結婚モデルに反対して対峙した。キリスト教は、父権主義や家父長制への傾向を問われて敗北した。啓蒙主義は自由と平等の約束のゆえに支持され勝利した。テーゼはアンチテーゼに道を譲った。進歩の道とはそのようなものである。

しかし、話はそれほど単純ではない。なるほど、結婚を、夫と妻が、権利や財産や利害ついての夫と妻の間の私的な取り引きの契約《コントラクト》であるとする啓蒙主義の思想が、アメリカで広く法的な現実となっていることは事実である。今日、成人男女は、自由に結婚の契約《コントラクト》を結び、自由に結婚生活を続け、ひとたび契約《コントラクト》の義務がなくなれば、自由に結婚を解消することができると広く受け止められている。

もちろん夫婦は、結婚という枠内外で未成年の子供を養育する義務を負ってはいる。しかし、それは、夫婦が自分たちの結婚の契約《コントラクト》と性的契約《コントラクト》の第三受益者である子供の信頼と期待の利害を尊重するといった契約《コントラクト》法のもう一つの原則を示しているにすぎない。(31)

しかしながら、同時に、多くの十九世紀の保守主義者が警告したように、結婚の過度の契約《コントラクト》化が多くの女性や子供に破滅をもたらしていることも事実である。(32) 結婚前、結婚、別居、離婚などの契約《コントラクト》は、多くの場合、公正な取り引きでもなければ、理性的な判断によってのみ遂行されるものでもない。新婚の興奮冷めやらぬ状態の夫婦は、多くの場合自分たちの取り引きの結果のすべてに目を向けることなどしないものである。別居や離婚という感情的な苦悩の中では、自分たちや子供の長期的福利に対する関心よりも、配偶者から一刻も早く解放されたいという欲求で夫婦は頭がいっぱいになってしまうことが多い。このような状況では、経済的に強く計算高い配偶者が勝利を手にする。今日多くの判例では、そのような配偶者は依然として男性である。平等主義という魅力的な表現にもかかわらず、実際は反対なのである。

マリー・アン・グレンドンは、「現在の家族を覆っている平等［と自由］という外套の下には、自然状態が蔓延している」と記している。(33) この自然状態において、契約《コントラクト》の自由と性的プライバシーが幅を利かせているのである。しかし、この自然状態の中で、結婚生活は急激に「残酷で、不快で、素っ気ない」ものになり、その主な犠牲は女性と子供に強いられている。結婚に関するキリスト教モデルの以前の悪習からの救済を最初に約束したまさにその契約《コントラクト》の福音が、今では、以前よりもっと深刻な悪習の脅威にさらされているのである。(34)

この葛藤から抜け出る道は何であろうか。前進には当然後ろを振り返ることが含まれる。すなわち、結婚の伝統の源泉に戻ってみることである。しかしそれは、今新たな光のもとにある伝統である。伝統的な神学と婚姻法を改革することにおいて啓蒙主義が達成した事柄は、われわれにとって失うことができない。啓蒙主義は、その急進的な契約《コントラクト》理解によって、西洋伝統の自己改革を推し進めた。すなわち、女性と子供の権利をより尊重し、性、結婚、家族についての時代遅れの道徳、および宗教的形態と裁判による独占と単調さを打ち破った。それは大胆にも、結婚とその法をその契約《コントラクト》の中核だけを残してその他の部分をそぎ落とし、それによって、西洋の伝統は、両親の同意、教会による聖別、家父長制、非嫡出子などの基本的な教義を変革しなければならなくなった。宗教的伝統には、これらの変革を遂行するために自らのうちにある資源を取り戻しそれを用いたという要素もあったかもしれないが、そうした伝統に自身を変革させ、州にその法律を変えさせたのは、ほかならぬ啓蒙主義による批判であった。これは決して小さな業績ではない。

しかし、啓蒙主義の伝統に今日も学ぶことが多くあるのと同じように、西洋における初期カトリックとプロテスタントの伝統にも学ぶべきことが多くある。

第一に、これら西洋キリスト教の伝統は、結婚を同時に契約《コントラクト》的、宗教的、社会的、自然的提携と見なし、これを存えさせ安定させるために、この制度を外的には法的権威によって、内的には道徳的権威によって管理しなければならないと考えてきた。カトリックとプロテスタントの伝統は、それぞれ異なる視点から、結婚は本質的に共同体の営みであって、結婚する当事者、行政官、聖職者の三者が必然的に協力しなければならないものと考えてきた。すなわち、結婚の契約《コントラクト》はそれを遂行する裁判所がなければほとんど価値がないし、結婚財産はその正当性を実証する法がなければ役に立たない。また、婚姻法はそれに生命力を吹き込む教会法がなければ意味をなさないし、結婚の慣習はその根拠となる自然の規範と物語がなければ説得力を持たないのである。

以上の点における現代への教訓は、結婚を単一の視点あるいは単一の法的決定に還元する誘惑に抵抗しなければならないということである。結婚に関する単一の視点は、それが宗教的、社会的、契約《コントラクト》的のいずれであれ、この制度の微妙な意味の全体をとらえてはいない。また、教会、国家、家族のいずれであれその一つの決定に、結婚に関わる問題のすべてを管理する能力はない。結婚は、適切に管理されるために複数の決定と複数の法とを必要とする。アメリカにおける宗教的共同体は、国家の法律に単に黙従する代わりに、結婚、離婚、性に関するかれら自身の宗教法の内容を回復し改革することをもっと真剣に考えなければならない。アメリカの各州は、代表的な基準や教派の婚姻法を受容できない合法的な宗教集団や文化的集団の婚姻法や結婚慣習を保護することをもっと真剣に考えなければならない。デンマーク、イングランド、インド、南アフリカなどの法的に洗練された他の文化では、カトリック、ヒンドゥー教、ユダヤ教、イスラム教など伝統的な集団には部分的な自治権が付与されている。国は定める最低限の条件と制限を定めるのみで、信徒の家族問題については、かれらに各々の法や慣習に従って管理させているのである。アメリカも、増大する文化的多元主義を、結婚や家族生活に関してより具体的な法的多元主義に変える時が来ているのであろう。(35)

第二に、西洋の伝統は、婚約と結婚式を区別することを学んできた。婚約は、結婚する将来の約束として定義され、地域共同体において公表され、適切な待機時間の後に履行された。結婚式は、結婚する現在の約束であって、行政の役人と聖職者の両方またはその一方の前で公の式典として挙行された。公の婚約と待機期間は、相互の愛の深さと強さを確かめる機会となった。それはまた、他の人々に、二人の成熟度と融和性を確かめ、助言と生活必需品を提供し、結婚後の結婚生活を祝う準備をしてもらうときでもあった。婚約期間が長すぎると姦淫を助長することになる。逆に、短すぎると当事者が自己を深く省みる機会を逸してしまいかねない。秘密裏の私的な結婚は、それが行き過ぎると家族や友人からの大切な助言や贈り物を結婚する二人から奪ってしまうであろう。しかし、公の型に則った結婚は、それが行き過ぎると、結婚式を自分たちの望むように挙げるために不可欠なプライバシーや親密さを二人から奪うことになる。それゆえ、婚約と結婚式、公共性とプライバシー、待機と完成の伝統的な均衡が大切である。

以上の点における現代への教訓は、婚約と結婚の段階が崩壊していることに抵抗し、この二つの段階の間の適切な待機期間を、とくに若い人たちのために回復しなければならないということである。今日、ほとんどの州で、結婚にあたって要求されていることは、公認の役人の前で式を挙げた後に得られる結婚許可証のみである。そこには、結婚の予告も、待機も、公の挙式も、他者への通知も必要ない。しかし、人生の非常に崇高で厳粛な段階は、これよりもはるかに慎重な規則を要求しているように思われる。なるほど、両親や友人、聖職者や役人に二人の成熟度や融和性を評価してもらうのは快いことではないかもしれない。プライバシーと宗教の非公認化といういうわれわれが抱いている現代の信条はこれに不利に働く。しかし、とくにそのような第三者を欠く場合には、州は、結婚しようとしている二人がその時点での成熟度や予期される結婚生活における責任を確認するために、ある程度の時間を持つよう求めるべきである。利害関係が絡む場合、とくに結婚しようとしている二人が満二十五歳以下ならば、正式な婚約と結婚式の間の待機期間は少なくとも九十日が妥当と思われる。家を購入するためにローンを組んだり、自動車や拳銃使用の許可証を申請したりするためには、とりわけ若い人の場合、暫定的な待機期間が要求されることが所定のこととなっている。そうであれば、もっと大きな利害が絡む結婚の契約《コントラクト》は、少なくともそれと同等の条件に従うべきである。

第三に、西洋の伝統は、結婚の無効と離婚を区別することを学んできた。結婚の無効とは、結婚時に未知のまたは隠蔽されていた障害を理由として、想像上の結婚［結婚を不適法にする障害があるのに当事者がそれを知らないでした結婚］をその当初から無効とする決定である。離婚は、結婚後に一方の配偶者に過失があればそれを理由として、かつて適切に締結された結婚が解消されなければならないという決定である。これらの決定において、精神的・心理的状況とその価はさまざまである。結婚無効の場合、当事者は、許す必要がない、もしくは許すことができないような結婚の特性を見いだすかもしれない。それらは、結婚の際に騙されたとか脅迫されたといったことかもしれない。当事者が不適切に血縁や家系で繋がっていることかもしれない。配偶者が期待されている結婚の責任を果たそうとしない、もしくは果たすことができないことかもしれない。配偶者が相手の信仰や性格や経歴の根本的な部分を、事実を曲げて伝えていたことかもしれない。しかし、そのような場合には、たとえ痛みを伴ってでも結婚を解消することは賢明なことであり時に必要なことである。それと対照的に、離婚の場合、道徳的傾向（ある人にとっては道徳的義務感）は、配偶者の不倫、遺棄、虐待、犯罪を許すべきである。そのような問題の中では、離婚することは正当であるだけでなく賢明でもあるかもしれないが、しかしそれは無実な配偶者には個人的な失敗のように感じられることが多く、事実そのように扱われてきた。歴史的な救済策はしばしば忍耐であると考えられた。配偶者が早く死亡することは、壊れた結婚関係にとってもっとも一般的な癒しであったが、健康と長寿の現代ではこの救済策は通常適切ではない。

以上の点における現代への教訓は、結婚解消のすべてが同等ではないということである。今日、ほとんどの州は、結婚無効と離婚を、手続き上も実質上も区別をつけずに単純に一つに処理してきた。

これは、おおかた忘れられていることだが、離婚率が飛躍的に上昇した一因である。伝統的には結婚無効率は離婚率と分けて数えられてきたのである。結婚無効と離婚が一つに処理されるようになった理由の一つは、宗教集団が結婚解消の手続きからほとんど疎外されてきたということである。従来、結婚無効の決定は、宗教集団によってなされ、そののち州の裁判所によって施行されるということが多かった。また、「無過失」離婚が非常に魅力的なものになってきたことも離婚増大の理由の一つである。夫婦は、しばしば、合法的な結婚障害を申し立てるための法定手段も訴訟手続を進める動機も持ち合わせていない。したがって、結婚解消を求める夫婦は、子供と財産を尊重するという離婚の場合と同じ一般的な規則に制約され、自分自身からも他者からも離婚と同じ一般的な汚名を着せられる傾向にある離婚という一つの法的手続に群がるのである。

第四に、数世紀にわたる苦難を通じて西洋の伝統が学んできたことは、結婚形成と結婚解消の基準の間に均衡をとることであった。そこには、たとえば、中世カトリックの教会法は、容易な結婚契約《コントラクト》を暗黙のうちに承認していたが、ひとたび適切に結ばれた結婚の場合そこから抜け出す手立ては講じられていないというい ささか残酷なこともあった。トレント公会議は、一五六三年に発布された教令「タメトシ」の中で、この不公平に対応するために、合法的な結婚の契約《コントラクト》のためのいくつかの安全策を講じた。それには、両親の同意、友人の証言、市の登記、教会による聖別といったものが含まれ、その結果、不適切あるいは未熟な男女が結婚できる可能性が少なくなった。一部の初期プロテスタントの厳格な主張の中にも同様に残酷なものがあった。たとえば、首尾よく離婚訴訟を起こすことができたわずかの夫婦を除けば、すべての結婚している夫婦はどのような犠牲を払ってでも和解をするよう求められるということがあった。後のプロテスタントは、和解も離婚もできない悲惨な夫婦のために、別居という伝統的な救済策を再制度化することによってこの不公平に対応した。

以上の点における現代への教訓は、結婚の形成と解消を規定する規則はその厳密さにおいて均衡をとらなければならない、ということである。また、別居は放出弁として維持されなければならない。結婚解消の厳格な規則は結婚形成の厳格な規則を必要とする。崩壊した結婚関係という現代の問題を解決するには、結婚の過程の両端についての規則を改正することが必要である。現在、二十以上の州が、離婚の規則を強化する法案を協議しているが、その際、結婚形成と別居の規則については注意が払われていない。そのように一方だけを孤立させた努力は方向を誤ることになる。離婚率を加速させている原因は、無過失離婚だけでなく、よく言われるように信仰なき結婚にもあるのである。

第五に、西洋の伝統は、家族には多様な形態があり、時代や文化によって変化しうるものであるということを認めてきた。夫、妻、娘、息子からなる核家族という一世を風靡している形態は、西洋の伝統が大切にしてきたモデルの一つにすぎない。過去には、家族概念は、神学的、法的に他の種類の単位にまで拡張されることが一般的であった。すなわち、子供、継子、養子、孫と両親からなる単一家族、使用人、書生、寄留者、あるいは三世代もしくは四世代にわたる介護と養育の義務を負う親族からなる拡張家族、兄弟か友人、独身か未亡人、それにもし子供がいれば子供も含めて、それらからなる共同家族、修道院、教会礼拝堂、施療院に集う、神と隣人と相互への奉仕に献身した兄弟姉妹からなる霊的家族などである。

以上の点における現代への教訓は、家族形態の一つの理想に教条的に固執しすぎてはならない、ということである。少し前まで、体制は、生活共同体には不審の目を向けるが共同家族には肯定的な目を向け、離婚には侮蔑の目を向けるが未亡人には慈しみの目を向け、独身女性には疑いの目を向けるが棄てられた女性には善意の目を向けるということが一般的であった。ところが、今日われわれは、生活共同体や離婚や独身女性を受け入れ、時には賞賛さえする。かれらのために、牧会的、慈善的、教育的奉仕においてだけでなく、税制、財産、建築規制に関する法律においても種々の配慮をするのである。今われわれの間には他の疑念の標的が出てきた。その中で際立つのは同性愛者と一夫多妻主義者である。

最後に、西洋の伝統は、結婚と家族には複合的な価値と目標があるということを認識してきた。なるほど結婚と家族の制度は自然の秩序と当事者の意志に根ざしているものであろう。それへの参与は、個人の救済にとって致命的なものでもなければ、それへと導くものでさえないかもしれない。しかし、西洋の伝統は、結婚と家族が、個人を完成させ社会秩序を維持するために必要不可欠なものであると見なしてきた。

カトリックとアングリカンの見方では、結婚は三つの本来的な善を有する。アウグスティヌスは、それを『信仰と子孫とサクラメント』であると考えた[36]。結婚は信仰の制度である。すなわち、夫と妻の間および親と子供の間の信仰と信頼と愛の制度である。それは、他のいかなるこの世の関係が要求する信仰をも凌駕するものである。結婚とは子孫の源泉である。それは、子供は家族の名と伝統を継承し、人類を永続させ、神の教会を次の世代を担う聖徒たちで満たす。すなわち、結婚はサクラメントの一つの形である。すなわち、それは、教会に対するキリストの愛の象徴的表現であるにとどまらず、夫婦、子供、さらに広い共同体を聖化する神の恵みの通路でもある。

ルター派とカルヴァン派の見方では、結婚はこの世における市民的にも宗教的にも有用な制度である。一方で、家族は、信仰に関係なくすべての人々にとって一般的に「有用な市民的制度」である。結婚は、売春、乱交、猥褻文書、その他の性的欲望の形を好んで選択することを助長する悪徳を阻止する。結婚は、家族に愛、世話、養育を提供し、慈善、教育、広い共同体への犠牲の模範を提示することによって徳を涵養する。理想的には、結婚は、夫婦に保護と共有、安定と支援、養育と福祉の共同体を提供することによって、男女の人生を豊かにする。理想的には、結婚は、養育と愛の準備期間を提供し、社交性を身につけさせ教育するために個性に合わせた高度な形態を提供することによって、子供の人生を豊かにする。子供を適切に育てるためには共同体が必要であるが、結婚はその一つとなる。

他方、家族は、信仰者には信仰を保ち強めるための「有用な宗教的制度」である。夫と妻の愛は、選民に対するヤハウェの愛と教会に対するキリストの愛を経験することのできるもっとも強力な象徴の一つでありうる。配偶者や子供のために払う犠牲は、われわれがささげることのできるゴルゴダの丘の完全な犠牲の最高の反映ともなりえよう。子供を出産することは、われわれが語るべきもっとも重要な神の言葉の一部でもありうるのだ。(37)

注

（1）John Millton, The Doctrine and Discipline of Divorce, 2d ed.（London, 1644）, in *The Complete Prose Works of John Milton*（New Haven: Yale University Press, 1959）, 2: 235–256（spelling modernized）.［新井明他訳『離婚の教理と規律』（未來社、一九九八年）三五頁。訳文はこれを参考にした。］

（2）Jaroslav Pelikan, *The Vindication of Tradition*（New Haven: Yale University Press, 1984）, 65.

（3）Harold J. Berman, *Law and Revolution: The Formation of the Western Legal Tradition*（Cambridge, Mass.: Harvard University Press, 1983）, v, vii.

（4）以下を参照。Steven M. Tipton and John Witte, Jr., eds., *Family Transformed: Religion, Values, and Society in American Life* (Washington, D.C.: Georgetown University Press, 2005).

（5） 以下を参照。John Witte, Jr., *From Sacrament to Contract: Marriage, Religion, and Law in the Western Tradition* (Louisville, Ky.: Westminster John Knox Press, 1997), 1-22（以下、FSC と表記）.

（6） Ibid., 16-41, 221-226; James A. Brundage, *Law, Sex, and Christian Society in Medieval Europe* (Chicago: University of Chicago Press, 1987); Theodor Mackin, *Marriage in the Catholic Church,* 2 vols. (New York: Paulist Press, 1982-1984).

（7） FSC 42-193, 226-268.

（8） Hans W. Baade, "The Form of Marriage in Spanish North America," *Cornell Law Review* 61 (1975): 1-89.

（9） たとえば以下を参照。James Shouler, *A Treatise on the Law of Marriage, Divorce, Separation, and Domestic Relations,* 6th ed., 2 vols. (Albany, NY: Matthew Bender, 1921), 1: 19; John Bouvier, *Institutes of American Law* (Philadelphia: Robert E. Peterson, 1851), 1: 101.

（10） 詳細な研究については以下を参照。George Elliott Howard, *A History of Matrimonial Institutions,* 3 vols. (Chicago: University of Chicago Press, 1904).

（11） この表現は以下の文献からのものである。Philip Greven, *The Protestant Temperament: Patterns of Child-Rearing, Religious Experience, and the Self in Early America* (Chicago: University of Chicago Press, 1977).

（12） 以下の文献にある包括的な法の要約を参照。 Chester Vernier, *American Family Laws: A Com-*

parative Study of the Family Law of the Forty-Eight States, 5 vols.（Stanford: Stanford University Press, 1931-1938）.

（13）　その資料と論議については以下を参照。FSC, 194–215, 268–273.

（14）　John Locke, *Two Treatises of Government*（1690）, ed., Peter Laslett（Cambridge: Cambridge University Press, 1960）［伊藤宏之訳『全訳・統治論』柏書房、一九九七年］, I.9, I.47, I.98, II.2, II.77-83.

（15）　Max Rheinstein, *Marriage Stability, Divorce, and the Law*（Chicago: University of Chicago Press, 1972）; Carl E. Schneider, "Moral Discourse and the Transformation of American Family Law," *Michigan Law Review* 83（1985）: 1803; Mary Ann Glendon, *The New Family and the New Property*（Toronto: Butterworths, 1981）; Elaine Tyler May, *Great Expectations: Marriage and Divorce in Post-Victorian America*（Chicago: University of Chicago Press, 1980）.

（16）　Carole Pateman, *The Sexual Contract*（Stanford: Stanford University Press, 1988）.

（17）　たとえば以下を参照。Uniform Marriage and Divorce Act, 9 U.L.A. 147（1987）, sec. 201（以下、UMDA と表記）. The Act is duplicated in Walter Weyrauch, Sanford N. Katz, and Frances Olsen, *Cases and Materials on Family Law*（St. Paul: West Publishing Co., 1994）, 1092–1110.

（18）　UMDA, secs. 202–206. 両親や保護者は、かれらの未成年の子供やかれらの保護のもとにある者の結婚について、成年に達する前に行動を起こすなら、その解消を求めることができた。以下を参照。Ibid., sec. 208.

（19）　以下を参照。Ibid., secs. 207–208.

(20) Ibid., sec. 207.

(21) Loving v. Virginia, 388 U.S. 1, 12 (1967).

(22) Loving v. Virginia; Zablocki v. Redhail, 434 U.S. 374 (1978); Turner v. Safley, 482 U.S. 78 (1987).

(23) 異なる視点からの分析については以下を参照。E.R. Rubin, *The Supreme Court and the American Family* (Westport, CT: Greenwood Press, 1986); David J. Garrow, *Sexuality and Liberty: The Right to Privacy and the Making of Roe v. Wade*, rev. ed. (Berkeley/Los Angeles: University of California Press, 1998).

(24) 381 U.S. 479 (1965). 同じ原則は、未婚夫婦や未成年者の保護請求および避妊具の使用にも拡大適用されている。以下を参照。Eisenstadt v. Baird, 405 U.S. 438 (1972); Carey v. Population Services International, 431 U.S. 678 (1977).

(25) Eisenstadt, 405 U.S. at 453.

(26) 410 U.S. 113 (1973). Planned Parenthood v. Casey, 112 S.Ct. 2791 (1992) において、最高裁判所は、中絶の権利を認め、配偶者もしくは実の父親に告知することを求める州の規定を、この権利への「不当な責任」として否定した。

(27) 431 U.S. 494 (1977).

(28) 450 U.S. 455 (1981).

(29) Uniform Premarital Agreement Act, sec. 3. この法令は以下に収録されている。Weyrauch, et al., *Family Law*, 1111-1113.

（30）UMDA, sec. 402.

（31）以下を参照。Lenore J. Weitzman, *The Marriage Contract: Spouses, Lovers, and the Law*（New York: Free Press, 1991）.

（32）たとえば以下を参照。James Fitzjames Stephen, *Liberty, Equality, and Fraternity*（1857）, ed. Stuart D. Warner（Indianapolis: Liberty Fund, 1993）, 138–141, 150–153. ここでは、両親や友人、教会や州による監督を伴わない「単純な取引的契約《コントラクト》」を許容することは、「不可避的に女性を大きな虐待にさらすことになる」と主張されている。そうした女性たちは、生まれながらに優越している男性との契約《コントラクト》においても、「不妊で、老い、魅力が無くなり、問題がおおく、極貧」になった場合にかれらを棄てる男たちからも、保護を得られなくなるであろう。

（33）Mary Ann Glendon, *The Transformation of Family Law: State, Law, and Family in the United States and Western Europe*（Chicago: University of Chicago Press, 1989）, 146.

（34）異なる視点からの見解については以下を参照。Lenore J. Weitzman, *The Divorce Revolution: The Unexpected Social and Economic Consequences for Women and Children*（New York: Free Press, 1985）; Barbara Dafoe Whitehead, *The Divorce Culture: How Divorce Became an Entitlement and How it is Blighting the Lives of our Children*（New York: Alfred A. Knopf, 1997）; Paul R. Amato and Alan Booth, A Generation at Risk: Growing Up in an Era of Family Upheaval（Cambridge, MA: Harvard University Press, 1997）.

（35）Joel A. Nichols, "Louisiana's Covenant Marriage Law: A First Step Toward a More Robust Pluralism in Marriage and Divorce Law," *Emory Law Journal* 47（1998）: 929–1001.

(36) Augustine, On Original Sin, chap. 39 [xxxiv], in Philip Schaff and Henry Wace, eds., *A Select Library of Nicene and Post-Nicene Fathers of the Christian Church,* Second Series, repr. ed. (Grand Rapids: Wm. B. Eerdmans, 1952), 5: 251.

(37) 以下を参照。John E. Coons, "The Religious Rights of Children," in John Witte, Jr., and Johan D. Van der Vyver, eds., *Religious Human Rights in Global Perspective* (The Hague/Boston: Martinus Nijhoff, 1996), 1: 172 (「かすかに聞こえる神の声の反響によれば、子供は、われわれのほとんどが語るであろうもっとも重要な神の言葉である」)。

(高橋一也、高橋義文訳)

6　契約《コントラクト》から契約《コヴェナント》へ
――法と神学における契約《コントラクト》と契約《コヴェナント》としての結婚――

契約《コヴェナント》結婚 対 契約《コントラクト》結婚

一九九七年八月十五日、ルイジアナ州は合衆国初の契約《コヴェナント》婚姻法を導入した。その法は、結婚に二段階システムを導入するものである。結婚する二人は、契約《コントラクト》結婚を選ぶことができる。それには、結婚の成立の最低限の手続きとそれに付随する無過失離婚の権利が伴う。あるいは、結婚する二人は契約《コヴェナント》結婚を選ぶこともできる。それにはより厳密な手続きと結婚解消の規則が伴う。どちらの結婚の形であっても許可手続きの費用は同じである。しかし契約《コヴェナント》結婚を行うためには、当該者は専門の結婚カウンセラーもしくは宗教当局者から結婚について詳細なカウンセリングを受けなければならない。そして「結婚の性質、目的、責任を十分に知っていること」を誓約し、「生涯を通して夫また妻として互いに愛し、敬い、労わること」を約束し、誓いを立てなければならない。離婚は、そのような契《コヴェナント》約を結んだ結婚する二人には、重大な過失（姦通、重罪、意図的遺棄、および／あるいは配偶者ないし子供への身体的もしくは性的虐待）があるとき、あるいは二年以上の別居の後にのみ認められる。別居は、これらのどれかの過失がある場合、あるいは習慣的な放縦や残虐な仕打ち、ないし配偶者の暴行が裏づけられた場合に許される。同様の契《コヴェナント》約婚姻法が現在アリゾナ州とアーカンソー州でも同様に導入されている。他に二十六州が契《コントラクト》約結婚の代案として契《コヴェナント》約結婚を現在検討中である。

これらの新しい契《コヴェナント》約婚姻法は、部分的には、結婚の私的契《コントラクト》約モデルによるアメリカの実験がもたらした腐食状況を改善しようとして企てられた。歴史的に、アメリカおよび多くの西洋の国々において、結婚は終身の参加協力関係と考えられており、結婚の成立と解消は重大な公的出来事であった。結婚の成立には、両親と関係者の同意、当局の証明書の獲得、結婚の公告、待機と識別期間の後に公開の式と披露宴が必要とされた。結婚の解消には、公聴会、一方の側の重大な過失の証明、落ち度のない扶養配偶者への扶養手当と未成年の子供の継続的養育費が要求された。

二十世紀最後の三十年ほどの間、これらの伝統的規則の多くは、性的自由とプライバシーという新しい文化的法的規範に根ざす結婚の私的契《コントラクト》約モデルに取って代わられた。事実上すべての州で、結婚の成立規則は簡素化され、要求されているのは、州の戸籍役場から許可を得て資格を持った当局者の前で式を挙げることだけである。そこには結婚の公告もなく、待機もまったくあるいはほとんどなく、公的披露宴もなく、人々への通知もない。結婚解消の規則も、一方的無責離婚の導入によって簡素化された。結婚解消が合理化され費用のかからない新しい手続きになった目的は、不幸な二人を、望まない結婚の束縛から自由にし、長期化が予想される訴訟から膨れ上がった訴訟理由表を除去することであった。今や、夫か妻のどちらも、単純な離婚訴訟が起こせるようになった。どちらの側の過失も証明したり公にしたりする必要がなくなった。裁判所は、双方が人生を新たに始めることができるように、しばしば双方に夫婦の財産を一括分割し、婚姻関係を解消させている。

結婚の私的契約《コントラクト》モデルというアメリカの実験は多くの理由で失敗したが、その主な代価は子供や女性が負うことになった。(1) 一九七五年から二〇〇〇年の間、すべての妊娠の四分の一が中絶された。子供たちの三分の一は母子家族に生まれた。結婚の半数は離婚に終わった。アフリカ系アメリカ人の子供の三分の二は父親なしで育てられた。母子家族の収入は、父親のいる標準的家族の平均収入の三分の一に満たず、差し押さえおよび立ち退きにあう割合は四倍である。崩壊した家族に育った十代の子供たちは、両親がいる家族の子供たちと比べて、二倍から三倍の問題行動、学習上の問題、人間関係の問題を持つ可能性が高い。一九七〇年から一九九五年までで、重罪の有罪判決を受けた少年少女、若年成人の三分の二以上は片親の家族か両親のいない家族の出身であった。(2)

契約《コヴェナント》婚姻法は、「手軽に結婚し手軽に離婚する」アメリカの実験のこれらの悪化する社会的また心理的代価への法的対応の一つである。契約《コヴェナント》婚姻法は、結婚が「ただの紙切れ一枚以上のもの」であり、性的親密さのための一時的で一定期間の私的契約《コントラクト》以上のものであるという伝統的理念を踏まえている。(3) 契《コヴェナント》約結婚の基礎は、永続的犠牲すなわち「生涯を通し夫としてまた妻として互いに愛し、敬い、労わること」を前提とした誓約である。契《コヴェナント》約結婚の成立は、審議性のある公の出来事であって、それには、待機期間、少なくとも結婚する二人の両親あるいは後見人の承諾、セラピストあるいは聖職者のカウンセリング、さらには暗にそれら第三者が代表する共同体が必要である。契《コヴェナント》約結婚が解消されるのは、この制度の根本的な善が裏切られたときのみ、あるいは慎重に協議された適切な別居期間を経た後にのみである。

契《コヴェナント》約婚姻法は、結婚の成立および結婚の解消を規定している規則の厳格なバランスと、別居を放出弁として維持されるべきであるとする歴史的教訓を反映するものである。結婚解消の厳格な規則は、結婚成立の厳格な規則を必要とする。緩やかな成立規則は緩やかな解消規則を要求する。契《コヴェナント》約結婚の提案者たちは、結婚が崩壊しやすくなっているという現代の問題を解決するためには結婚の過程の両端における改革が必要である、と主張している。

契《コヴェナント》約婚姻法は、結婚しようとする二人が、契《コヴェナント》約結婚を選ぶことによって、結婚契《コントラクト》約を規定する州法に拠らずに契《コントラクト》約を結ぶことを認めている。契《コヴェナント》約結婚を考える二人は、結婚成立の過程を長くすることと無過失離婚を放棄することの代価と利益について十分に知らなければならない。しかし、結婚の形式を決めるのはかれら自身である。この選択があることで、適性を欠いている二人が互いの性格の不一致を、結婚後ではなく結婚前に発見することもできる。もし婚約した当事者の一人が契《コントラクト》約結婚を望み、もう一人が契《コヴェナント》約結婚を望むとしたら、多くの結婚する男女にとって、互いの参加協力関係に生じるであろう将来の相違があまりにも明らかになり無視することができなくなる。二人は、相互参加意欲が深まるまで結婚式を遅らせるべきである。あるいはもしそれぞれの相互参加意欲が異なったままであるなら結婚式をキャンセルすべきである。性急に結婚してしまうのではなく、よく準備したほうがよい。結婚してすぐに離婚するよりは、結婚しないほうがましである。それが新しい契《コヴェナント》約婚姻法の理論である。

これらの契《コヴェナント》約婚姻法は、結婚契《コントラクト》約の長所と永続的結婚の価値の両方を尊重するものである。こうした法は次のような非難を浴びている。すなわち、性的自由および女性と子供の権利への不当な侵害とならないか、アメリカの法に聖書の原則をひそかに持ち込むことを企てる「トロイの木馬」ではないのか、州の責任を宗教的当局者たちに不適切に委任することにならないか、無過失法が克服しようとした、結婚過失について仕組まれた偽りの告発が多くなされた時代に逆行することではないか、といった非難である。しかし、宗教的に中立な言語を用いていること、契《コヴェナント》約の結びつきへの自発的な参加とそれからの退出の両方を明確に保障していること、宗教的カウンセラーは州のために行う結婚カウンセリングにのみ限定されていること、両者の契《コントラクト》約の自由をこの法よりも優先させていることなどを考慮すると、そのような法的な反対は大体において外れているように思われる。

単なる契約《コントラクト》以上のものとしての結婚

契約《コヴェナント》婚姻法は、私事となってしまった結婚や無過失離婚の高まりに対抗するよう企てられた、社会工学の単なる新しい形ではない。契約《コヴェナント》婚姻法は、結婚が「単なる契約《コントラクト》以上のもの」であるという伝統的なコモン・ローの教えを表現する場でもある。アメリカのコモン・ローの伝統では、結婚は（宗教的な財産でないとしても）自然なものであり、（本質的な関係でないにしても）有用な関係であり、（市民社会の基盤でないとしても）市民社会の柱であると長い間考えられてきた。結婚は、提示と受諾、熟慮と取り消し、修正と賠償といった私的契約《コントラクト》の一般的な規則以上のものを要求してきた。結婚に関しては、婚約と結婚式、登録と聖別、承諾と祝賀の特別な規則と儀式が行われてきた。結婚はまた、夫と妻のあるいは親と子の数多くの特別な権利と義務のためにその基盤を提供してきており、それは公法と私法の両方で尊重されている。アメリカの法学者ジョセフ・ストーリー（一七七九－一八四五）が一八三四年に次のように述べている。

結婚は、すべての文明社会によって特殊で特恵の契約《コントラクト》として扱われている。結婚はその起源においては自然法の契約《コントラクト》である。（中略）それは社会の源であって結果ではない。市民性の源であり、共和制のある種の苗床である。市民社会では、結婚は、法によって規制かつ規定され、市民的な結果を伴う市民契約《コントラクト》となった。神聖な義務の力を意識して行動するほとんどの文明国では、結婚にはそれに付加された宗教の拘束があった。それがやがて、自然かつ市民契約《コントラクト》と同様に宗教的契約《コントラクト》になるのである。（中略）結婚はそのいずれかであって、そのゆえにそれ以外のものではないと推定するのは大きな誤りである。(4)

結婚が契約《コントラクト》でありまたそれ以上のものであるというこれらの伝統的コモン・ローの教えは、古代キリスト教の教えに根ざしていた。そうしたキリスト教的教えには、古代ユダヤ教やイスラム教の教えといった、それに先行するものや類似するものがあった。ユダヤ教、キリスト教、イスラム教の伝統はいずれも、結婚が契約《コントラクト》であると長い間教えてきた。ユダヤ教では「ケトゥバー」、キリスト教では「パクトゥム」、イスラム教では「キタブ」である。しかしこれらの伝統はまた、結婚は単なる契約《コントラクト》以上のもの――二人の結婚する当事者が自分たちでこれでよいと考えて成立し、維持され、解消される単なる私的取り決め以上のもの――であると長い間教えてきた。三つの伝統のすべてにおいて、結婚は質的に私的かつ公的、個人的かつ社会的、現世的かつ超越的制度である。その源泉、性質、目的は、結婚の契約《コントラクト》それ自体の条件を超えると同時にそのもとにあるのである。(5)

契約《コントラクト》としての結婚

ユダヤ教とキリスト教とイスラム教の三つの伝統は、結婚は契約《コントラクト》以上のものであると長きにわたって教えてきたが、同時に、結婚は契約《コントラクト》以下ではないと主張してきたということも認識することが重要である。

ほぼ二千年前、ユダヤ教のラビたちはケトゥバーを作り出した。それは、結婚前、結婚中、結婚後の二人の関係の諸条件、および結婚解消が起こった場合あるいはどちらかが死亡した場合の夫と妻と子供の権利と義務について、夫と妻が詳細に書いた結婚前契約《コントラクト》である。タルムードを形成したラビたちは、これらの結婚契約《コントラクト》を、もしそれがなければモーセの律法（申命記二四・一―四）によって男性に与えられた一方的な離婚の権利のもとにある妻や子供たちを守るために欠くことができないものであると考えた。ケトゥバーの諸条件は、私的に契約《コントラクト》を結ぶことが可能であるが、二つの家とラビ当局の両方がしばしば積極的にその作成と実施に関わった。(6)

千五百年以上前に、キリスト教神学者たちは結婚契約《コントラクト》ないし結婚約定を採用した。(7) これらの契約《コントラクト》は、夫と妻およびそれぞれの家族の間に新しい関係を築いた。神学者たちは、ユダヤ、ギリシャ、ローマおよび教父たちの文書のみならず、新約聖書の家族規範やローマ教会諸法に規定されている数多くの資料や家族の権利および義務を採用し、またそれらに適応した。(8) 持参金および結婚に関わる他の財産についての関連した契約《コントラクト》のみならず、これらの結婚契約《コントラクト》の原則となっている初期の規則は、キリスト教法学者および神学者によって後に体系化されたが、それは東方正教会では八世紀および九世紀、カトリック教会では十二世紀および十三世紀、プロテスタント教会では十六世紀および十七世紀のことであった。

千年以上前に、イスラム教の法学者と神学者がキタブを作った。それは敬虔なイスラム教徒が預言者の模範と教えに倣い実行する際に宗教的に守る義務のある特別な形の契《コントラクト》約である。キタブは理念上、夫婦間における「愛情、平安、憐れみ」の特別な関係を規定した。キタブは、互いに対して、また両親や子供に対して、さらにかれらがその一部となっているより広い共同体に対して、各々の権利、義務、アイデンティティを明確にしている。キタブへの署名は厳粛な宗教的行事であり、それにはコーランに提示されているように結婚の権利と義務に関して結婚する二人を指導した聖職者が関わる。コーランとハディースが結婚生活と式の基本的規範を提示するのだが、イスラム法諸派の豊富な多様性をもって結婚契《コントラクト》約のこの伝統の多くを具体化したのは、とくに預言者の後何世紀かにわたって発展した宗教法シャリーアである。(9)

これらの結婚契《コントラクト》約は、これら三つのアブラハムの伝統の中およびその間で著しく異なっているが、いくつかの広範な共通点も存在した。

第一に、ユダヤ教、キリスト教、イスラム教の三つの伝統はいずれも、二つの契《コントラクト》約に関する規定を設けた。すなわち、婚約すなわち結婚するという将来の約束と結婚式すなわち結婚するという現在の約束、およびその間にある必須の待機期間である。この待機期間は、結婚する二人に相互の愛の深さと永続性を慎重に考えることができるようにするということを目的としている。また、この待機期間は、他の人々が、結婚する二人の成熟さや相性について共に考え、助言し、あるいは日用品を提供し、そこから始まる一致と共に生きる人生の祝賀の準備をするためでもあった。

第二に、三つの伝統はみな、結婚は本質的に男性と女性の相互の同意によって決まると主張した。契約《コントラクト》の交渉の間、親もしくは後見人が男性と女性の代理であったとしても、結婚の正当性には本人の同意を欠くことができなかった。ユダヤ教とイスラム教の法学者は、結婚契約《コントラクト》の法の発展初期にこの洞察にいたった。カトリックの伝統が正式にこの洞察にいたったのは、十二世紀のことである。その後正教会が、続いてプロテスタント教会がそれを取り入れた。三つの伝統すべてが、見合い結婚と未成年の結婚の習慣を、とくに政治的あるいは経済的に都合のよい場合は許容し続けてきた。しかし、理論的には、承諾年齢に達したとき、若い男女の両方は見合い結婚に同意しないという権利を保有していた。

第三に、三つの伝統はみな、承諾年齢に達したすべての人は結婚相手を自由に選んでよいと教えたが、誰とでも結婚してよいというわけではなかった。神と自然が、結婚契約《コントラクト》の最初の限界を定めた。すなわち聖書に記されているように、血縁と親戚という絆によって、当事者は血縁関係にある人々、あるいは婚姻による親族関係にある人とは結婚することができなかった。慣習と文化が二番目の限界を定めた。当事者は、適切な敬虔さと慎み深さ、同程度の社会的経済的地位、理想的には（必須という共同体もあるが）同じ信仰を持っていなければならなかった。契約《コントラクト》の一般規則が三番目の限界を定めた。結婚する二人が、契約《コントラクト》関係に入る能力と自由を持っていなければならず、適切な契約《コントラクト》の形式と儀式に従わなければならなかった。両親と後見人が第四の限界を定めた。少なくとも未成年にとっての、合法的な結婚は、両方の両親あるいは後見人の同意が必要であった。そして時には親の立場に立った政治的および／あるいは宗教的権威の同意が必要であった。

第四に、三つの伝統はすべて、しばしば結婚の約束に添えて、よく準備された財産の交換を行ったが、それは時にかれら自身の結婚財産契約《コントラクト》を発生させた。夫となる者は、その婚約者に（そして時にはかの女の父あるいは家族にも）婚約の贈り物を、時には非常によく準備された高価な贈り物をした。これに続いて、夫が妻に結婚の贈り物をするという文化もあった。次に妻が嫁入り道具を持ってくるのだが、それは最低でも自分の基本的生活道具であり、時にはそれよりもずっと多かった。これらの財産の交換は、結婚の有効性のために絶対に必要な条件ではなかった。しかし結婚を前提とした財産引き渡しの契約《コントラクト》不履行は、少なくとも婚約契約《コントラクト》の解消という結果になることがしばしばあった。

第五に、三つの伝統は次第に結婚式を発展させた。ユダヤの伝統では、タルムードは、婚約式と結婚式のための詳細な儀式と祈りを生み出したのだが、それはある程度トビト書にある原型をもとにしている。ユダヤの伝統では、結婚は、地域共同体すべてが関わる重要な共同体の行事であり、ラビにが司式した。(10) キリスト教の伝統は、はじめから何らかの結婚式を祝っていたが、現存するもっとも初期の結婚式は八世紀のものである。(11) とくに東方正教会では、これらの儀式は、祈り、祝福、宣誓、聖体を含む視覚と言語の驚くべきハーモニーとなった。これらの式は、西方キリスト教ではよりゆっくりと成長し、カトリックでは一五六三年まで必須のものにはならなかった。プロテスタントでは、結婚式は広範な絶え間ない変化と論争の主題となった。イスラム教の伝統では、婚約式は必須であったが、それは、私的で宗教的なものであった。それには、結婚する二人、かれらの家族、聖職者、二人もしくはそれ以上の証人が必要であった。コーランと結婚指導書の朗読をもって始まり、それに結婚契約《コントラクト》の条件の最終交渉、そして両方の当事者による実施と認証が続く。結婚式は、以上の過程とは別に行われる喜びに満ちた祝賀であり、その性質と重要性においては完全に世俗的であり、任意のものである。(12)

最後に、三つの伝統はすべて、夫と妻が結婚権に関する訴訟ができるように宗教裁定機関を設けた。扶養、保護、性交、子供の養育の権利が、三つの伝統のすべてにおいて、もっともよく訴訟に持ち込まれた要求である。しかし結婚契約《コントラクト》において取り決めた、あるいは一般宗教法によって保障された、他のどのような結婚権であっても訴訟に持ち込むことができた。三つの伝統すべてに含まれていたのは、結婚の正当性の明白な履行障害の発見（近親相姦など）、あるいは結婚への参加協力関係の根本的不履行（姦通など）を理由とした結婚の解消を求める当事者の権利であった。

契《コントラクト》約以上のものとしての結婚

ユダヤ教徒、キリスト教徒、イスラム教徒がともに、厳粛な儀式と祈りと祝福と誓約を伴う結婚式を主張したということは、いずれの伝統にとっても結婚が単なる当事者間の契《コントラクト》約以上のものであるという一つの重要な意識の表れである。結婚はまた基礎的な公的制度であり宗教的実践である。他の媒体が、結婚のこれらの非常に高い次元を反映して、結婚式を補完している。それらは、美しい美術品、絢爛な図像、結婚契《コントラクト》約それ自体の高雅な宗教言語、求婚、承諾、新しい結婚家庭の設立における共同体的関与の念入りな儀式と礼儀、詩や家族の手引書、愛、結婚、誠実なる信仰者の親子関係のあるべき規範と習慣を詳述している礼儀の本の印象的な創作といったものである。これらの媒体とそれらに関する豊富な神学的著作が、ユダヤ教とキリスト教とイスラム教における結婚のより深遠なる源泉と性質と目的を確認し、祝う助けとなる。

第一に、これら三つの伝統は、結婚の究極的起源が神による創造と命令にあると認識した。ユダヤ教とキリスト教の伝統は創世記の教えを共有した。それはすでに楽園において、神が初めの男と初めの女を結び合わされ、かれらに「生めよ、ふえよ」（創世記一・二八）と命じられた。神はかれらを、自然にお互いに惹かれあう社会的被造物として造られた。神はかれらが一つとなり子供をもうけることができるような身体的可能性を与えた。神はお互いに愛し、助け、育んでいくように、そして互いにまた子供たちに神、隣人、自分を愛することを教えるように命じられていた。「それで人はその父と母を離れて、妻と結び合い、一体となるのである」と、創世記二章二四節は結ぶ。ユダヤ教の伝統もキリスト教の伝統も、この始原的命令とその後の聖書的な反映の上に、異性間一夫一婦結婚と性倫理の基礎的規範を多く打ち立てた。(13)

イスラム教の伝統は、結婚をコーランの教えだけではなくムハンマドの模範にも基礎づけた。コーランは、結婚を「厳粛なる契約《コヴェナント》」(コーラン四・二〇)と呼んでいるが、それは実際イスラムの伝統をもって信仰を守る道としてそれぞれのイスラム教徒に命じられている礼拝および宗教的儀式の形式である。ハディースでは、預言者は「結婚は私のスンナ[預言者ムハンマドの模範]」である。ゆえに、私のスンナに背を向ける者は私に背を向けるのである」と定めた。(14)またハディースでも、預言者はイスラム教徒にとっての適切な結婚の原則をきわめて詳細に説明しており、それが後のイスラム法および礼法の本に詳述された。(15)これらの教えの多くは、ユダヤ・キリスト教の規則に追随しているのでないにしてもそれを模倣している。しかし、一夫一婦の要求は明白に除外されていた。

第二に、三つの伝統はすべて、結婚は本来多次元的制度であり、その成立、維持、解消には夫婦だけでなくさまざまな当事者が関わると認識した。なるほど、結婚は、夫婦となる二人の相互の同意によって成立する契約《コントラクト》であり、かれらの意思と好みによって決まるものではある。しかし三つの伝統すべてにおいて、結婚はまた霊的なつながりであって、宗教的共同体の信条、基準、祭儀、経典によって定められるものでもある。結婚は社会的地位であり、財産および関係の特別法のもとにあり、また地域共同体の期待と強制のもとにある。結婚は、経済制度であって、それには財産の創造と合併が伴い、夫婦間と親子間における相互の配慮、育成、犠牲の義務が生じる。結婚はまた、宗教儀式制度であって、礼拝の祈り、宣誓および祝福によって成立し、そののちは、シナゴーグ、教会あるいはモスクと並ぶ、宗教的指導、敬虔さ、礼拝の不可欠な場として機能する。

第三に、三つの伝統はすべて、結婚には、夫婦の好みや結婚契《コントラクト》約の条件を超えて、本来の善があるということを認識した。三つの伝統にとって根本的なのは、神によって定められた信仰を永続させる手段としての結婚の理念である。それは告白的アイデンティティに欠かせない重要な場として夫婦が、自分の家族儀式を保っていくことによってだけでなく、次のシナゴーグ、次の教会、次のウンマを形成していく子供をもうけ、かれらを教えていくことによってもなされる。ゆえに三つの伝統すべてにおいて、同じ信仰を持たない者との結婚を避けることが強調されている。

子供をもうけ、かれらを信仰のうちに養育することを強調することと、それに対応して異宗教間の結婚を禁止することとは、聖書およびディアスポラ・ユダヤ教においてとくに顕著なテーマであった。これらの規則は、(しばしば敵対的な) 異邦人文化への同化に対する基礎的防衛手段であるだけでなく、それらは、改宗への嫌悪にもかかわらず、ユダヤ人共同体が栄え成長し続けていくために必要不可欠な条件でもあった。出産と反異宗教間結婚に対する同様の強調はまた、しばらく後にキリスト教とイスラム教の共同体で、とくにかれらが少数派となったときに現れた。十九世紀アメリカのカトリック教徒と二十一世紀アメリカのイスラム教徒と正教会クリスチャンのことを考える必要がある。

キリスト教の伝統は、信仰深い次の世代を生み出すという善を超えて、結婚の本来の善と目的の非常に手の込んだリストを作り出した。[16]もっとも有名な記述の中に、五世紀の聖アウグスティヌスによる結婚の善に関する論文「信仰、子孫、サクラメント」がある。アウグスティヌスは、結婚は信仰の制度であるといった。それは夫と妻の間、親と子の間の信仰と信頼と愛の制度であって、この世の他のどの関係が求める信仰をも超えているという。結婚は、子孫すなわち家族の名と伝統を継承し、人類を永続させ、次の世代の聖徒として神の教会を満たしていく子供たちの源泉である。また、結婚はサクラメントの一つの形である。それは、教会に対するキリストの愛の象徴的表現であり、夫婦と子供たちとより広い共同体を聖別するための神の恵みの水路でさえある。結婚の善のこの三重の議論が後の中世カトリック神学では自明のものとなり、今日までカトリックにおける結婚の教えの中核となっている。

ローマ法と教父の教えに共通する定式化が、七世紀の百科事典編集者、セヴィーリャの聖イシドールスによってなされた。結婚は、夫と妻に以下のものを与えると論じる。(1)相互の愛と援助、(2)共に子供をもうけ養育すること、(3)性的罪と誘惑からの互いの保護。結婚の善のこの定式は、結婚が、結婚の神的起源を、サクラメントの地位に帰すことなしに確認した。それはまた、生殖と並んで、結婚の愛の徳と、性的罪からの保護の必要をより大きく強調した。結婚の善についてのイシドールスの三重の議論は次第に正教会とプロテスタントの両方のクリスチャンの間でも広く受け入れられる結婚の善の定式になった。同時代のイスラム教の結婚に関するトラクトには、単なる模倣ではないとしても強い類似性が認められる。(17)

ギリシャ・ローマの源泉の上に建てられたキリスト教の伝統もまた、結婚のより広い社会的善を強調した。結婚は、夫婦と子供たちにとってだけでなく、かれらがその一部であるより広い市民共同体にとっても有益であることを教えている。古代ギリシャの哲学者とローマのストア派の人々は、結婚を「国家の基盤」、「公共的美徳の私的源泉」と呼んだ。教父たちは、結婚と家族の愛を「都市の苗床」、「社会をまとめあげる力」と呼んだ。カトリックは、家族を「家族教会」、「深い人間性を学ぶある種の学校」と呼んだ。プロテスタントは家族を「小さい教会」、「小さい国家」、「小さい神学校」、「小さい共同社会」、正義と愛の、権威と自由の、規則と市民性の「最初の学校」と呼んだ。これらすべての隠喩の中心にあるのは、安定した結婚と家族が、教会・国家・市民社会といったより大きな共同社会の存続と繁栄と幸福のために必要不可欠である、という永続する西洋の理想である。そして結婚と家族の崩壊は、こうした社会制度に次第に破壊的結果をもたらすであろう。

契約《コヴェナント》としての結婚

契約《コヴェナント》という考えは、結婚のこれらのより高い次元のいくつかをとらえるためによく用いられる言葉として西洋の法や神学や倫理学に登場した。[18] それはまた、ユダヤ教徒、キリスト教徒、イスラム教徒の宗教間対話と、結婚に関する法学者、神学者、倫理学者の間の学際的対話を結びつける共通の言葉として現れている。結婚と契約《コヴェナント》についての対話のこれらの層の間をつなぐ試みは今も発展し続けている。しかしアメリカの法における契約《コヴェナント》結婚運動が、広い分野で、結婚の契約《コヴェナント》神学および倫理学の支持者たちによって統合されてきたということは偶然ではない。

「契約《コヴェナント》」はユダヤ教徒、キリスト教徒、イスラム教徒のいずれにも共通する経典の言葉である。旧約聖書には（ベリートとして）二八六回現れ、新約聖書には（ディアセーケーとして）二四回現れ、コーランには（ミサクアンとして）二六回現れる。これら三つの経典において、「契約《コヴェナント》」には複合的な意味と目的がある。しかしそれは、もっとも重要なことに、そしてきわめて頻繁に、ヤーウェとイスラエル、神と選ばれた人々、アラーと選ばれた人々の間にある特別な関係を説明するために用いられている。

これら三つの経典のそれぞれで、「契約《コヴェナント》」は、時に結婚を説明するためにも用いられている。へブライ語聖書では、イスラエルとヤーウェの特別な契《コヴェナント》約としての関係が夫と妻の間の特別な関係に擬《なぞら》えている。逆に、イスラエルのヤーウェへの不従順とりわけ偽りの神々を礼拝するその性向は、しばしば「売春婦を演じる」形式として記されている。偶像礼拝は、姦通と同様、離婚にいたりうるのである。ヤーウェは、その選民を和解へと呼びかけているときでさえ、このことについて何度も警告している。このイメージは繰り返し次のような預言書、すなわち、ホセア書（二・二―二三）、イザヤ書（一・二一―二二、五四・五―八、五七・三―一〇、六一・一〇―一一、六二・四―五）、エレミヤ書（二・二―三、三・一―五、六―二五、一三・二七、二三・一〇、三一・三二）、エゼキエル書（一六・一―六三、二三・一―四九）に見られる。(19)

ヘブライ語聖書はまた、結婚それ自体を契《コヴェナント》約として語る（箴言二・一七、マラキ二・一四―一六）。預言者マラキはもっとも明確に語っている。

あなたがたはまたこのような事をする。すなわち神がもはやささげ物をかえりみず、またこれをあなたがたの手から、喜んで受けられないために、あなたがたは涙と、泣くことと、嘆きとをもって、主の祭壇をおおい、「なぜ神は受けられないのか」と尋ねる。これは主があなたと、あなたの若い時の妻との間の、契約の証人だったからである。彼女は、あなたの連れ合い、契約によるあなたの妻であるのに、あなたは彼女を裏切った。一つ神は、われわれのために命の霊を造り、これをささえられたではないか。かれは何を望まれるか。神を敬う子孫であるゆえ、あなたがたはみずから慎んで、その若い時の妻を裏切ってはならない。イスラエルの神、主は言われる、「わたしは離縁する者を憎み、また、しえたげをもってその衣をおおう人を憎むと、万軍の主は言われる。ゆえにみずから慎んで、裏切ることをしてはならない」。（マラキ二・一三―一六）

コーランには結婚について、簡単に破ることのできない「厳粛なる契約《コヴェナント》」として同様の言葉がある。

もしおまえたちが妻をとりかえたいと思い、女に千金を与えたとしても、そこからいささかなりともとりもどしてはならない。中傷して、明白な罪を鳴らしてでも、おまえたちはそれをとりもどそうと言うのか。おまえたちは、たがいにまじわりあった仲で、しかも彼女たちがおまえたちからしっかりとした手形［厳粛な契約《コヴェナント》］をとっている以上、どうしてそれをとりもどせようか。（コーラン四・二〇―二一）［藤本勝次『コーラン』（中央公論社、世界の名著15）、一九七〇年、一一七頁。］

ユダヤ教徒とキリスト教徒とイスラム教徒は同様に、結婚を語る際に、とりわけ契約《コヴェナント》として、また、出産を奨励し安易な離婚の実行を思いとどまらせるために、こうした経典の箇所を長い間用いてきた。これは、多くの神学的、牧会的、礼拝的文書において、西暦初めの千年にすでに現れている。(20)最近になるまで、これら三つの伝統に共通していないものは、神と人間との間の神の契《コヴェナント》約と夫と妻の結婚契《コヴェナント》約をはっきりと結びつけるという点である。すなわち、事実上、神を結婚契《コヴェナント》約の第三の当事者とし、今度は結婚を神と人間の間の契《コヴェナント》約の表現のための場にするという点である。また最近まで共通でなかったものに、契《コヴェナント》約結婚の神学と法学の発展がある。それは、結婚のより高い次元を具体的に契《コヴェナント》約的な言葉で述べる方法であり、三つの伝統が長い間持っていたこれらの言葉を、結婚の具体的契《コントラクト》約的言葉につなぐ道である。

ユダヤ教とイスラム教の伝統における結婚の契《コヴェナント》約モデルの発展は、実際ごく最近のことである。ディヴィッド・ノヴァックとデイヴィッド・ハルトマンが、ユダヤ教の伝統において結婚の新しい契《コヴェナント》約神学・倫理学・法学の立ち上げを提唱した。(21)アジザー・アルヒブリがイスラム教の伝統で同じことを行っている。(22)かれらのそれぞれの努力がきわめて前途有望であるのは、かれらが、結婚の契《コヴェナント》約モデルを、それぞれ、長く無視されてきたヘブライ語聖書とタルムードのテキストに、そしてコーランとハディースのテキストに基礎づけるということを強く主張し、これらのオリジナルな聖典のテキストの光の中でかれら自身の伝統を読み直し、考え直しているからである。

契《コヴェナント》約結婚は、キリスト教の伝統においてより長い系譜がある。学者たちが同意してきているのは、十六世紀のジュネーブのプロテスタント宗教改革者、ジャン・カルヴァン（一五〇九―一五六四）が、支配的であったカトリックの結婚のサクラメント神学と教会法に代わって、結婚の契約《コヴェナント》モデルを初めて展開したということである。[23] カルヴァンの一般的契約《コヴェナント》神学の多くは新しいものではなかった。カルヴァンは、神の契約《コヴェナント》あるいは神と人との間の合意の伝統的聖書的概念を詳述した。かれは、以下の二つの組み合わされた聖書的契約《コヴェナント》を区別して、従来のキリスト教の教えに従った。（1）選民イスラエルが、神の律法への従順によって永遠の救いと祝福を約束される、行いの契約《コヴェナント》。（2）選ばれた者が、キリストの受肉と贖罪によって、永遠の救いと至福を約束される、恵みの契約《コヴェナント》の二つである。行いの契約《コヴェナント》はアブラハムにおいて作られ、モーセによって確認され、トーラーの公布と受容をもって完成した。恵みの契約《コヴェナント》はキリストにおいて作られ、福音において確認され、クリスチャンの告白と回心をもって完成した。契約《コヴェナント》に関するこれらの伝統的教えは、カトリック、正教会、プロテスタントの間に共通している。そしてそれらの多くは初期教父の著作に根ざしている。

しかしながらカルヴァンは、神と人との間の垂直関係だけでなく、夫と妻の間の水平関係を述べるためにも契約《コヴェナント》の教理を用いることで、その伝統を超えた。ちょうど神が選ばれた信仰者をご自身との契約《コヴェナント》関係に導き入れるように、神は夫と妻を互いに契約《コヴェナント》関係に導き入れるのである。ちょうど神が、われわれの神との関係において変わらぬ信仰と善き行いを期待されるように、神は結婚生活の誠実さと犠牲的行いをわれわれの配偶者との関係において期待されるのである。[24] カルヴァンは以下のように言っている。

神は結婚の創始者である。結婚が男と女の間でなされるとき、神が中心におられ、両者が相互に誓約をすることを求められる。ゆえに、ソロモンは箴言二・一七で結婚を神の契《コヴェナント》約と呼ぶのだが、それはすべての人間の契《コントラクト》約よりも優れているからである。それでマラキ書（二・一四―一六）も、神が、その権威によって男を女に結び合わせ、その関係を認可する、いわば（結婚の）保証人であると宣言する。(25)

神はご自分が選ばれた地上の代理人たちを通して結婚の契《コヴェナント》約の成立に参与する、とカルヴァンは考えた。結婚する二人の親たちは、子供のための神の「副官」として、若い結婚する二人にキリスト教の結婚の社会習慣と道徳を指導し、結婚への承諾を与えるのである。二人の証人が、「同輩たちへの神の司祭」として、結婚する二人の約束の誠実さと厳粛さを証言し、結婚の出来事を証明する。聖職者は、「御言葉の神の霊的権限」をもって、結婚を祝福し、結婚する二人と共同体にかれらのそれぞれの聖書的義務と権利について訓戒する。行政官は、「地上における神の権力と剣」をもって、当事者を登録し、かれらの結婚の合法性を保証し、一つとなった人々と財産においてかれらを保護する。結婚の成立におけるこの親、同輩、聖職者、および行政官の関与は、無駄な無くてもよい儀式ではなかった。これら四者の当事者は、結婚契《コヴェナント》約における神の関わりの異なる次元を表しており、したがってそれらは結婚それ自体の正当性のために必要不可欠であった。結婚の成立においてそのような当事者のいずれかを省略することは、事実上、結婚契《コヴェナント》約から神を省略することであった。この基盤の上に、カルヴァンは、結婚の起源、性質、目的の契《コヴェナント》約神学を、そして結婚の成立、維持、解消、結婚の権利、役割、責任、育児、保護、監督、およびそれ以外の多くの契《コヴェナント》約法をきわめて詳細に記した。これはキリスト教の伝統における、最初の包括的な結婚のモデルであり、それがジュネーブの教会と市の方針を同じように特徴づけた。

カルヴァンが結婚の契《コヴェナント》約モデルを最初に発展させたが、決してかれが最後ではない。類似した結婚の契《コヴェナント》約モデルが、同時代のチューリッヒの宗教改革者ハインリッヒ・ブリンガー（一五〇四―一五七五）によって生み出されている。かれの著作は大陸とイングランドの両方で非常に大きな影響力があった。十六世紀後半までには、カルヴァンとブリンガーの著作は、別々にそして一緒に、プロテスタントの契《コヴェナント》約神学・法学・倫理学の領域に真正なる大きな変化を引き起こした。これらの契《コヴェナント》約に関する著作は――十七、十八世紀のイングランドとニューイングランドにおいて頂点に達したのであるが――、結婚それ自体だけでなく教会、国家、より広い社会における結婚の位置について、詳細に統合された理解を提供した。(26) ここ最近の二世紀においても、契《コヴェナント》約的言語はプロテスタントの結婚と結婚の礼典において顕著になった。実際、今日、プロテスタントの神学よりもプロテスタントの礼典が契約《コヴェナント》結婚学の拠点である。
カトリックの伝統では、トレント公会議が一五六三年に、契約《コヴェナント》結婚の言語に関する扉を固く閉じた。その布告「タメトシ」において、公会議は、結婚はサクラメントであるという広く行き渡っている中世の教えが正当なものであると宣言した。改革派の人びとの間に現れつつあった契約《コヴェナント》結婚に関する教えを含む異端的プロテスタントの結婚に関する教えは、カトリックの伝統においてはそれ以後まったく受け入れられなかった。(27) しかしながらその四世紀後、第二バチカン公会議は、結婚の始原・性質・目的に関する説明の全体をまとめる表現として契約《コヴェナント》の言語を用いて、この扉を再び開いた。公会議のもっとも影響力のある文書の一つ、「現代世界憲章」において、バチカンの指導者たちは以下のように語っている。

結婚生活および愛の親密な協力関係は、創造者によって制定され、律法によって条件が定められた。それは変更不可能な個人的な同意の結婚契約《コヴェナント》に根ざしている……。男と女は、夫婦の愛の結婚契約《コヴェナント》によって「かれらはもはやふたりではなく一体であ」り（マタイ一九・六）、その人格と行動が親しく一つになることによって、互いに助け奉仕し合う。この一致を通して、かれらは自分たちが一つであることの意味を経験し、日ごとに完成に近づきつつそれを達成する。二人の相互の賜物として、子供という善に加えてこの親密なる一致は、完全なる貞節を配偶者に課し、かれらの間の壊すことのできない一体性を支持する。主キリストは、神の愛の泉から噴出するように湧き出るこの多面的愛を豊かに祝福され、ご自身が教会と一つであるそのモデルに沿うように構成された。というのも、神は昔から、愛と忠誠の契約《コヴェナント》によってご自分をその民に与えられたので、今や人類の救い主にして教会の配偶者なるお方は、結婚のサクラメントを通して結婚したクリスチャンの人生のうちに到来される(28)。

第二バチカン公会議以来、多くのカトリック倫理学者、法学者、神学者、教理問答教師は、サクラメントとしての結婚という伝統的な言語と並んで、契約《コヴェナント》結婚という表現を採用するようになってきた。これらのカトリックの学者たちの多くは、結婚のより高い次元について厳密でエキュメニカルな議論を行うために、また、国家の婚姻法の差し迫った改革においてプロテスタントやユダヤ教徒やその他の人々と共通の大義を見いだすために、契約《コヴェナント》の言語を用いてきた。

結論的考察

ユダヤ教、キリスト教、イスラム教の伝統は、長い間、結婚は契約《コントラクト》であると教えてきた。結婚は男と女の相互の同意に基礎を置いている。それは文書で記録される。それは正式な儀式で祝われる。

それは財産の交換を引き起こす。それは新しい法的な実体を作る。それは、夫と妻、親と子、夫婦と国、それぞれの間に生じる新しい権利と義務が絡み合った結婚世帯である。それは、結婚権を擁護するために訴訟を起こす権利を夫および妻に同等に認める。契《コントラクト》約が結婚の屋台骨である。それは結婚に法的構造と地位と力を与える。

しかしながら、ユダヤ教、キリスト教、およびイスラム教の伝統はまた、結婚は単なる契《コントラクト》約以上のものであると、長い間教えてきた。結婚は、個と共同体、啓示と理性、伝統と現代性を媒介する偉大な調停者でもある。結婚は同時に、自己の避難所であり共同体の先駆けである。そして神の愛の象徴でありよく考えられた同意の機構である。さらに、永続する古代の神秘であり絶えざる最新の考案である。結婚は、古代の命令と預言者の範例に根ざしている。結婚は、宗教的、儀式的、社会的、経済的、政治的、文化的規範と形式を反映している。結婚は私的であると同時に公的であり、契《コントラクト》約的であると同時に宗教的であり、自発的であると同時に自然的であり、その起源、性質、機能において精神的であると同時に文明的である。

「契《コヴェナント》約」という語は、決して利用可能な唯一の語ではないが、今日、結婚のこれらのより高次元の意味をとらえるために便利で説得力のある手段として使用されはじめている。「契《コヴェナント》約」は、ユダヤ教とキリスト教とイスラム教の経典に深く根ざし、これらの宗教的伝統の影響のもとで現れた法的伝統の豊富で多様な表現を持った古代の言葉である。現代のアメリカ法では、「契《コヴェナント》約」は中立性と柔軟性を有する概念である。それは、高い次元の定義を個人の選択と共同体の強調に任せながらも、結婚がより高い次元を持っているということを知らせるために必要なものである。

歴史的に、ユダヤ教とキリスト教とイスラム教の伝統は、結婚の契約《コントラクト》的な次元と契約《コヴェナント》的な次元を調停する方法を見いだしたが、アメリカ法は今日それら二つを併置している。三つの州を除けば、アメリカ全土で、結婚を望む当事者たちはその州の契約《コントラクト》結婚のオプションを選ばなければならない。契約《コントラクト》結婚には、その成立と解消に関するわずかな規則と、夫婦と子供にとっての何百もの州と連邦政府の権利と義務がある。結婚する二人は、州の契約《コントラクト》婚姻法によって定められた内容を超えて権利と義務を加えてもよい。これらは、当事者間で取り決められた結婚前の契約《コントラクト》で定めることができるし、結婚する当事者たちがその自発的メンバーである共同体の宗教法および慣習に従って定めることもできる。しかしそうであっても、結婚の契約《コントラクト》的な次元が優先される。私的な結婚前契約《コントラクト》は州裁判所によって適用される。しかし、結婚と離婚の宗教法は適用されない。たとえ、結婚前の契約《コントラクト》が争われるということが起こった場合、かれらの契約《コントラクト》は宗教法によって治められると規定していてもである。ただし、ニューヨークの「ゲット法」は、正統派ユダヤ教徒の離婚を、かれらのラビが前もってユダヤ教の離婚として認める場合に限り認めるというものであるが、特筆に価する通常規則の例外である。(29) 州の裁判所は通常、とくに結婚と離婚の宗教法が州法と異なる場合、宗教法を適用することはない。宗教当局には概して、そのメンバーの一人が州裁判所に提訴した場合、結婚に関する宗教法を強制する力はない。当局は、当事者が内的宗教規範に従うように精神的な圧力と罰則――その権威を拒むことのゆえに忌避あるいは破門さえ――を与えるかもしれない。しかしもし当事者が民事訴訟で解決を図るなら、州裁判所はその宗教共同体の法ではなくその州の結婚および離婚法を適用する。結婚と離婚の宗教的規範と形式は、結婚に関する州の契《コントラクト》約法に従属するのである。

以上のことは今日、ルイジアナ、アーカンソー、アリゾナの三州では事情が異なる。これらの三つの州では、結婚を望む当事者は契《コントラクト》約結婚か契《コヴェナント》約結婚のどちらかを選ぶことができるのである。これらの三つの州での契《コントラクト》約結婚のオプションは大体において他の州でも行われているのと同じである。しかしながら、契《コヴェナント》約結婚のオプションは、結婚の成立と解消を厳しくしているという点で他とは異なる。とくに、契《コヴェナント》約結婚は当事者に、第三者のカウンセラー――もしカウンセラーとなる資格があれば、当事者自身の宗教当局――を含めることを要求する。契《コヴェナント》約結婚はまた、一方的な無過失離婚の権利を放棄し、伝統的にユダヤ教、キリスト教、イスラム教で認められてきた基盤と過程により近い結婚解消の規則を受け入れることを要求する。このように契《コヴェナント》約婚姻法は、結婚のより高次元のいくつかを反映し保護して、契《コントラクト》約婚姻法のさらに先を行く。契《コヴェナント》約婚姻法令にはとくに貴重な教授機能がある。それは、州が結婚に持つより高い配慮について共同体に教え、結婚が持っているより高い厳格さを結婚する二人に教え、結婚が単なる契《コントラクト》約以上のものであるということを宗教共同体に教えるのである。

しかしながら、契約《コヴェナント》結婚をこれら三つの州で適用するのは、宗教当局ではなく州当局である。契約《コントラクト》結婚の場合と同様契約《コヴェナント》結婚においても、当事者は、州法によって定められた権利と義務を、自発的に選ぶか宗教的に命ぜられた規範で補足するかもしれない。しかし宗教当局によるこれらの補足的規範の強制可能性に関して、同じ限界が、契約《コントラクト》結婚が支配的である州と同様これらの三つの契約《コヴェナント》結婚の州においてもあてはまる。州が契約《コヴェナント》結婚の意味を解釈したとしても、個々のケースにおいて結婚に伴う事柄についての州の制定のほうがなお、対抗する宗教的定式への切り札としてまさるであろう。

しかも、ルイジアナ、アーカンソー、アリゾナ以外では、州は契約《コヴェナント》結婚を認めることさえせず、契約《コントラクト》結婚のみである。したがって、疎遠になっている配偶者は、単にアメリカの四十七の州のどこかに、あるいは契約《コヴェナント》結婚のオプションのないどこかの国に引っ越して離婚を申し立てることにより、契約《コヴェナント》結婚から逃れることができる。国内においても国際的にも、今日の法規制の論争では、離婚訴訟が行われる法廷所在地の契約《コントラクト》婚姻法に優先して契約《コヴェナント》婚姻法を適用することは支持されていない。そして多くの契約《コヴェナント》結婚を認めていない州および諸外国では、過去十年、結婚の伝統的形式と規範を強めるというよりもむしろ弱める傾向にある。(30) これらの不利な論争の規則は、いまだ訴訟を通してしっかりと試されてはいないが、その強調するところは、契約《コヴェナント》婚姻法が重要だとしても、結婚と離婚の現代の革命の結果に対する部分的法的応答にすぎないということである。

より十分な法的対応には、とくに宗教共同体の側の改革と関わりのさらなる方策が必要である。[31] もっとも重要な最初のステップは、アメリカの宗教共同体が、結婚と家庭に関する自らの法的、神学的秩序を正すことである。アメリカにおけるあまりにも多くの宗教共同体――それらの中でもとくにキリスト教会――は、教義的厳格さ、道徳的明瞭さ、正典的権威によって今日の困難な法的・政治的・社会的問題に関わる力を失いつつある。過去数世紀にわたって、ユダヤ教とキリスト教とイスラム教はいずれも、家庭生活を含む多くの分野の私的・公的生活に及ぶ多くの宗教法と規律・基準を生み出した。それらは、これらの法の公正な適用のための洗練された法廷を設けた。それらは、非常に詳細にわたって、適切な家族生活の教訓を提示した神学および法学の精巧なる作品を生み出した。いくつかの洗練された法的研究が、今日なおいくつかの宗教共同体の間で継続している。何人かの宗教的法律専門家や倫理学者たちは今もこれらの問いを取り上げている。しかし、現代アメリカの宗教共同体の法的構造と洗練さは、全体として、かつて見られたものの微弱な影にすぎない。かれらの結婚の規範と習慣は、ますます、多くの文化的現状維持の単なる変種の一つになっている。

アメリカの宗教共同体は、単に州法と文化に黙従するのではなく、結婚、離婚、性に関する宗教法について、かれら自身の団体を回復し改革することをもっと真剣に考えなければならない。一方、アメリカ諸州は、公約数的な諸派共通の婚姻法を受け入れることのできない合法的な宗教的・文化的集団の婚姻法と慣習に対し、これまで以上に大きな保護を与えることについてもっと真剣に考えなければればならない。イングランドやインドや南アメリカなど、他の洗練された法文化では、国家は最低限の条件と限界のみを設定して、カトリック、ヒンドゥー教、ユダヤ教、イスラム教、その他の団体に、かれらの構成員の家庭問題を指導するために、かれら自身の法と慣習に従って半自治権を与えているのである。同様にアメリカも、増大する文化的多元主義を、結婚と家族生活に関してより具体的な法的多元主義へと変換する時であろう。

注

（1）以下を参照。Don S. Browning, *Marriage and Modernization*（Grand Rapids: William B. Eerdmans, 2003); Katherine Shaw Spaht, "For the Sake of the Children: Recapturing the Meaning of Marriage," *Notre Dame Law Review* 73（1998): 1547; Linda J. Waite, *Does Divorce Make People Happy? Findings from a Study of Unhappy Marriages*（New York, Institute for American Values, 2002); Judith Wallerstein, *Second Chances: Men, Women, and Children a Decade After Divorce*, 15th ann. ed.（Boston, 2004); id., *The Unexpected Legacy of Divorce*（New York, Hyperion, 2000); Barbara Dafoe Whitehead, *The Divorce Culture*（New York, 1996).

（2）Steven M. Tipton and John Witte, Jr., eds., *The Family Transformed: Religion, Values, and Family Life in America*（Washington, D.C.: Georgetown University Press, 2005).

(3) Katherine Anderson, Don Browning, and Brian Boyer, ed., *Marriage: Just a Piece of Paper?* (Grand Rapids: Wm. B. Eerdmans, 2002).

(4) Joseph Story, *Commentaries on the Conflict of Laws, Foreign and Domestic, in regard to Contracts, Rights, and Remedies* (Boston: Little, Brown, 1834), 100 (sec. 108).

(5) 以下の文献にある、これら三つの伝統およびその他における結婚に関する神学的、倫理的、法的教示に関する分析および一次テキストを参照。Don S. Browning, M. Christian Green, and John Witte, Jr., eds., *Sex, Marriage and Family in the World Religions* (New York/London: Columbia University Press, 2006).

(6) 以下の文献の David Novak と Michael J. Broyde による章を参照。CM; Ze'ev W. Falk, *Jewish Matrimonial Law in the Middle Ages* (Oxford: Oxford University Press, 1966).

(7) 以下の文献の例と分析を参照。Philip L. Reynolds and John Witte, Jr., eds., *To Have and to Hold: Marrying and its Documentation in Western Christendom 400-1600* (Cambridge/New York: Cambridge University Press, 2006); Philip L. Reynolds, *Marriage in the Western Church: The Christianization of Marriage During the Patristic and Early Medieval Periods* (Leiden: E.J. Brill, 1994).

(8) コロサイ人への手紙三・六―四・一、エペソ人への手紙五・二一―六・九、ペテロの第一の手紙二・一一―三・一二、テモテへの第一の手紙二・八―一五、五・一―二、六・一―二、テトスへの手紙二・一―一〇、三・一。以下の文献にある資料と議論を参照。David Balch and Carolyn Osiek, *Marriage in the New Testament* (Louisville: Westminster John Knox Press, 1997); Don S.

Browning, et al., *From Culture Wars to Common Ground,* 2d ed.（Louisville: Westminster John Knox Press, 2000）; David Balch and Carolyn Osiek, *Early Christian Families in Context: An Interdisciplinary Dialogue*（Grand Rapids: Wm. B. Eerdmans, 2003）.

（9）*Covenant Marriage in Comparative Porspective,* ed. John Witte, Jr. and Eliza Ellison（Grand Rapids: Eerdmans, 2005）［以下 CM と略記］CM 収録のアジザー・アルヒブリ［Azizah al-Hibri］による章を参照。Abdullah A. An-Na'im, ed., *Islamic Family in a Changing World: A Global Resource Book*（London/New York: Zed Books, 2002）.

（10）Kenneth Stevenson, *Nuptial Blessing*（New York: Oxford University Press, 1982）, 3-8.

（11）Ibid., 33-122, with samples in Mark Searle and Kenneth W. Stevenson, *Documents of the Marriage Liturgy*（Collegeville, MN: Liturgical Press, 1992）, 3ff.

（12）CM におけるアル・ヒブリ［al-Hibri］の章を参照。

（13）三つの伝統の具体的テキストとしては以下のものを参照。*Eve & Adam: Jewish, Christian, and Muslim Readings on Genesis and Gender,* ed. Kristen E. Kvam, Linda S. Shearing, Valarie H. Zeigler（Bloomington/Indianapolis: Indiana University Press, 1999）.

（14）CM のアルヒブリ［al-Hibri］による章における引用。n. 80.

（15）CM におけるリチャード・マーティン［Richard J. Martin］の章の詳細にわたる研究を参照。

（16）以下のパラグラフに引用されているものの出典は次の資料を参照。拙著 "The Goods and Goals of Marriage: The Health Paradigm in Historical Perspective," in John Wall, Don Browning, William J. Doherty, and Stephen Post, eds., *Marriage, Health and the Professions*（Grand Rapids: Wm. B.

Eerdmans, 2002), 49–89.

(17) もっとも有名な定式のうち、十一世紀の偉大な中世法学者・神学者アブー・ハミッド・アル・ガザーリ [Abu Hamid al-Ghazali]（一〇五八—一一一一）が展開したものがある。かれは結婚の善として以下のものを挙げている。(1) 出産、(2) 自然な性的欲求の適切な充足、(3) 愛と交わり、(4) 家族の効果的秩序、そして (5) 自己鍛錬。CM のリチャード・マーティンによる章を参照。

(18) たとえば以下のものを参照。William Johnson Everett, *Religion, Federalism, and the Struggle for Public Life* (New York/Oxford: Oxford University Press, 1997); Max L. Stackhouse, *Covenant and Commitments: Faith, Family, and Economic Life* (Louisville: Westminster John Knox Press, 1997).

(19) 以下の詳細な研究を参照。Gordon P. Hugenberger, *Marriage as Covenant: A Study of Biblical Law and Ethics Governing Marriage Developed From the Perspective of Malachi* (Leiden: E.J. Brill, 1994).

(20) CM における以下の著者による章を参照。Novak, Stackhouse, Michael G. Lawler, Stanley Harakas, and James Turner Johnson。また以下の文献も参照。Stackhouse, *Covenant and Commitments*; *Daniel J. Elazar, Covenant & Commonwealth: From Christian Separation Through the Protestant Reformation* (New Brunswick, N.J.: Transaction Publishers, 1996); Daniel J. Elazar, *Covenant and Civil Society: The Constitutional Matrix of Modern Democracy* (New Brunswick, N.J.: Transaction Publishers, 1998).

(21) CM のアル・ヒブリ [al-Hibri] による章を参照。

（22） CMと以下の本の彼女の章を参照。*Sex, Marriage and Family in the World Religions.*

（23） CMの以下の人々による章の資料と議論を参照。Lawler, Martin, and Stackhouse。以下の労作も参照。John Witte, Jr. and Robert M. Kingdon, *Sex, Marriage and Family in John Calvin's Geneva I: Courtship, Engagement, and Marriage*（Grand Rapids: Wm. B. Eerdmans, 2006）.

（24） カルヴァンの以下の著作を参照。Comm. Isaiah 1:21–22; 54:5–8; 57:3–10; 61:10–11; 62:4–5（1551）; Serm. Deut. 5:18, 22:22（1555）; Comm. Harm. Gospel Luke 1:34–8（1555）; Comm. Ps. 16:4, 45:8–12, 82:1（1557）; Lect. Hosea 1:1–4, 2:19–20, 3:1–2, 4:13–14, 7:3, 9–10（1557）; Lect. Zec. 2:11, 8:1–2（ca. 1560）; Lect. Mal. 2:13–16（ca. 1560）; Lect. Jeremiah 2:2–3, 25; 3:1–5, 6–25; 13:27; 23:10; 31:32, 51:4（1563）; Comm. Harm. Law Deut. 11:26–32（1563）; and Lect. Ezek. 6:9, 16:1–63（1564）.

（25） Calvin, Comm. Mal. 2:14.

（26） 以下を参照。David A. Weir, *Early New England: A Covenanted Society*（Grand Rapids: Wm. B. Eerdmans, 2005）.

（27） 以下を参照。"Doctrine of the Sacrament of Matrimony," Twenty-Fourth Session（November 11, 1563）, in H.J. Schroeder, *Councils and Decrees of the Council of Trent*（St. Louis, MO: B. Herder Book Co., 1941）, 180ff.; *Catechism of the Council of Trent for Parish Priests,* trans. John A. McHugh and Charles J. Callan（Rockford, IL: Tan Books and Publishers, 1982）, 338ff. トリエント公会議以前にカトリック教会が時折してきた、契約《コヴェナント》としての結婚への言及については、CMにおけるローラー（Lawler）担当の章の議論を参照。

（28） Second Vatican Council, *Gaudium et Spes,* para. 48, in *The Document of Vatican II,* ed. and trans. Walter M. Abbott and Joseph Gallagher (New York: Guild Press, 1966).

（29）以下を参照。Michael J. Broyde, *Marriage, Divorce, and the Abandoned Wife in Jewish Law* (New York: Ktav Publishers, 2001).

（30）CMにおけるピーター・ヘイ［Peter Hay］の章にある詳細な分析と資料を参照。

（31）以下の文献に挙げられている種々の選択肢を参照。Don S. Browning and David Clairmont, "Introduction," to *Families and American Religion: Comparative Family Ethics and Strategies of the Major American Faiths* (New York/London: Columbia University Press, 2006).

（藤原淳賀訳）

訳者あとがき

本書は、「監訳者まえがき」にあるとおり、二〇〇六年六月、日本でなされた、エモリー大学法科大学院ジョン・ウィッテ教授の講演と講義を主とした論文集である。講演、講義等の詳細は以下のとおりである。

「キリスト教とデモクラシー——過去における貢献と将来の課題」聖学院大学講演、原題 Christianity and Democracy: Past Contributions and Future Challenges

「山の上にある町をいかに統治するか——アメリカの憲法・自由・教会と国家の関係に対するピューリタンの貢献」日本ピューリタニズム学会第一回研究大会招待講演、原題 How to Govern a City on a Hill: Puritan Contributions to American Constitutional Law, Liberty, and Church-State Relations

「アメリカにおける『教会と国家の分離』——トマス・ジェファーソンとジョン・アダムズの見解を

めぐる過去と現在」聖学院大学大学院海外研究者特別講義、原題 Separation of Church and State in America: The Views of Thomas Jefferson versus John Adams Historically and Today

「『教会と国家の分離』の歴史——その虚実」以下の学術誌収録論文。"Facts and Fictions About the History of Separation of Church and State" *Journal of Church and State*, Vol. 48 (Winter, 2006), pp. 15-45.

「サクラメントから契約《コントラクト》へ——西欧の伝統における結婚、宗教、法」聖学院大学大学院海外研究者特別講義、原題 From Sacrament to Contract: Marriage, Religion, and Law in the Western Tradition

「契約《コントラクト》から契約《コヴェナント》へ——法と神学における契約《コントラクト》および契約《コヴェナント》としての結婚」聖学院大学大学院海外研究者特別講義、原題 From Contract to Covenant: Marriage as Contract and Covenant in Law and Theology

これらの論文のほとんどは、後に、ウィッテ教授のいくつかの著書の一部として公にされているが、本書に収録した論文は、二〇〇六年春の時点でウィッテ教授から送られてきた原稿を底本として翻訳したものである。（ウィッテ教授の著書に収録されたものは、部分的に変更されているところもあるが、大きなものではない。）

翻訳は、各担当者によって講演や講義の便宜のためになされたものに、髙橋義文が訳者を代表して訳語や表現の統一を主に修正をほどこす形でなされた。したがって最終的な訳文の責任は髙橋にある。本書は、法学、神学、アメリカ史、アメリカ憲法、宗教学等の学際的な研究のため、翻訳は容易ではなかった。正確を期したつもりであるが、思わぬ誤りや不足があるかもしれない。読者諸賢のご指摘ご教示をいただけたら幸いである。

出版にあたり、聖学院大学出版会の担当者の方々とくに山本俊明出版部長にお世話をいただいた。心より感謝申し上げたい。

二〇〇八年三月

訳者代表　髙橋義文

訳者紹介（掲載順）

藤原淳賀（ふじわら・あつよし）聖学院大学総合研究所准教授
松谷好明（まつたに・よしあき）聖学院大学総合研究所特任教授
髙橋義文（たかはし・よしぶみ）聖学院大学大学院・総合研究所教授
髙橋一也（たかはし・かずや）聖学院大学総合研究所特任研究員

ジョン・ウィッテ著
自由《じゆう》と家族《かぞく》の法的基礎《ほうてききそ》　©John Witte, Jr.

2008年3月21日　初版第1刷発行

監訳者　大　木　英　夫
　　　　髙　橋　義　文

発行者　大　木　英　夫

発行所　聖学院大学出版会

〒362-8585　埼玉県上尾市戸崎1-1
電話 048-725-9801
Fax. 048-725-0324
E-mail: press@seigakuin-univ.ac.jp

印刷・堀内印刷

ISBN978-4-915832-75-8　C3032

自由と結社の思想

ヴォランタリー・アソシエーション論をめぐって

J・L・アダムス著
柴田史子訳

アメリカの著名な神学者・社会倫理学者、ジェイムズ・ルーサー・アダムスの社会理論・社会倫理に関する主要論文集。本書が提起する問題は、「自由主義」と「自由主義的宗教」の再検討にとっても、現代の人間の自己理解にとっても、また人間と共同体、神と人間性、歴史と社会倫理の関係について展開されている学問的論争にとっても有効性を持つ問題である。

四六判三四〇頁三九九〇円

978-4-915832-17-8（1997）（4-915832-17-1）

光の子と闇の子

デモクラシーの批判と擁護

R・ニーバー著
武田清子訳

アメリカの政治倫理学者、R・ニーバーの主著の一つである本書は、デモクラシーという、現代世界において、再考を求められている思想原理を批判し、擁護する。権力が対立し、政治と経済が相剋する現実にあって、正義と自由を確立するためには、いかなる指導原理が存在するのか、人間の悪の問題の把握において深い洞察を欠いているマルクス主義、デモクラシー思想の楽観主義を批判し、キリスト教思想に基づくデモクラシー原理の正当性を弁護する。

四六判二一〇頁二二四三円

978-4-915832-03-1（1994）（4-915832-03-1）

正　義

社会秩序の基本原理

エーミル・ブルンナー著
寺脇丕信訳

正義とはなにか、実証主義と相対主義の中に国家や法の正義の理念は崩壊したのか、キリスト者として、スイス人として、ヨーロッパ人として、世界市民として、正義の原理を考察し、認識し、正義が共同社会の中で、いかに適用されるべきかを二一章にわたって論じる。

序章　第一章　西洋における正義の理念の崩壊／第一部　基礎編　第二章　本研究の意義　第三章　正義の「場」　第四章　正義と法　第五章　正義と平等　第六〜一五章　平等の根拠ほか。第二部　各論（一六〜二一章）。

A５判四三二頁六〇九〇円

978-4-915832-25-3（1999）（4-915832-25-2）

イギリス・デモクラシーの擁護者A・D・リンゼイ
その人と思想

永岡薫編

リンゼイは、E・バーカーと並ぶ二〇世紀におけるイギリス政治哲学者の双璧で、オックスフォード大学の副総長もつとめたが、わが国では彼のイギリス・デモクラシー論については知られているものの、政治哲学の基礎にある学問の拡がりについてはほとんど知られていない。本書はリンゼイのひととなりと幅広い思想を多彩な執筆者によって紹介した初の研究書である。リンゼイの目指したもの／リンゼイのデモクラシー思想（ドルシラ・スコット）。（平成九年度文部省科研費交付図書）

A5判三九八頁五四六〇円

978-4-915832-20-8（1998）（4-915832-20-1）

ニコラウス・クザーヌス

渡邉守道著

一五世紀の最も独創的な思想家、哲学者、神学者ニコラウス・クザーヌスについての著者三〇年間におよぶ研究をもとに書き下ろしたもので、クザーヌスの政治社会思想、公会議と教会改革、それに著者の最も力をいれた現代政治思想に対するクザーヌスの貢献を力説し、次の章からなる。序説　第一部　クザーヌスの生涯とその思想　第二部　クザーヌスの教会改革　第三部　クザーヌスの周辺。結語、クザーヌスと現代、クザーヌス年表。（クザーヌス生誕六〇〇年記念出版）

A5判三〇〇頁五八八〇円

978-4-915832-34-5（2000）（4-915832-34-1）

トレルチとドイツ文化プロテスタンティズム

フリードリヒ・ヴィルヘルム・グラーフ著
深井智朗・安酸敏眞編訳

マックス・ヴェーバーと並び、一九世紀から二〇世紀にかけてのドイツの文化科学、とくに歴史学、また神学思想において大きな足跡を残した、エルンスト・トレルチの思想を、文化史の観点から再評価し、現代における意義を論ずる意欲的な論考。著者は、ミュンヘン大学プロテスタント神学部教授であり、一九九九年度の「ライプニッツ賞」を受けた気鋭の研究者である。

A5判三二〇頁四二〇〇円

978-4-915832-40-6（2001）（4-915832-40-6）

自由主義に先立つ自由

その人と思想

クェンティン・スキナー 著
梅津順一 訳

今日支配的な自由理解である「自由とは、政治体制とは関わりない個人的自由である」とする自由主義的理解に対して、一七世紀のイギリス革命において隆盛を極めたネオ・ローマ的自由理解、つまり他者の権力や意思に従属しない自由という理解を掘り起こし、その現代的意義を論ずる。現代における自由の理解に一石を投じた注目の書。

四六判一八四頁二五二〇円
978-4-915832-48-2（2001）（4-915832-48-1）

ヴェーバー・トレルチ・イェリネック

ハイデルベルクにおけるアングロサクソン研究の伝統

深井智朗 編

ヨーロッパ近代の問題を理解する際に欠かすことのできない文献としてヴェーバー『プロテスタンティズムの倫理と資本主義の精神』、トレルチ『近代世界の成立におけるプロテスタンティズムの意義』、イェリネック『人権宣言論争』がある。それらは、分野やアプローチは異なるものの、アングロサクソン世界に展開したプロテスタンティズムの意義に注目している。本書は、この主題で開催された国際シンポジウムの記録を編集したものである。

四六判二四〇頁三七八〇円
978-4-915832-45-1（2001）（4-915832-45-7）

ハルナックとトレルチ

F・ヴィルヘルム・グラーフ 著
近藤正臣・深井智朗 訳

ドイツの第二帝国の時期（一八七〇年から一九一八年）は、急激な社会変化とそれに続く政治的、社会的、文化的対立によって特徴付けられる。この時期における神学も大きな変革を余儀なくされた。この時代に歴史的変動と取り組み神学的主題としたハルナック、トレルチなどの神学者を論じ、激動の時代のドイツの思想状況を明らかにする。

四六判一三二頁一八九〇円
978-4-915832-73-4（2007）

ラインホールド・ニーバーの歴史神学

ニーバー神学の形成背景・諸相・特質の研究

高橋義文 著

神学者、社会活動家、政治哲学者、倫理学者、歴史哲学者、文明批評家等々幅広い活動を展開したR・ニーバーの神学思想を解明する気鋭の書き下し、ニーバー神学形成の背景（青年期のニーバーを育んだ教会とその神学的土壌、デトロイトでの牧会、ユニオン神学大学への赴任）、ニーバー神学の教義的諸相（中期のニーバーの思想を丹念に追い、神話・象徴・啓示、人間、終末論、キリストなど）、ニーバー神学の特質の三部からなる。（平成五年度文部省科研費交付図書）

四六判四七六頁四四八六円

978-4-915832-06-2（1993）（4-915832-06-6）

アメリカ史のアイロニー

R・ニーバー 著

大木英夫・深井智朗 訳

アメリカは二〇世紀の半ば、突如として、国民的経験も精神的準備もないままに世界史的勢力として台頭し、世界史の中に踊り出た。この「大国」アメリカはどこに向かうべきか。本書は、原書が一九五二年に出版されているが、世界史的「大国」アメリカの問題を「権力の腐敗」の問題として鋭く抉り出し、アメリカを自己認識と責任意識へと導こうとする、現代の問題をも照射するアメリカ論の新訳である。付録として巻末にニーバーの「ユーモアと信仰」を所収。

四六判三一〇頁三九九〇円

978-4-915832-44-4（2002）（4-915832-44-9）

ニーバーとその時代

ラインホールド・ニーバーの預言者的役割とその遺産

チャールズ・C・ブラウン 著

高橋義文 訳

「預言者的現実主義者」として、アメリカの神学者だけでなく、政治学者また政治家たちに多大な影響を与えたラインホールド・ニーバーの伝記。数多くのニーバーの伝記の中でニーバーの思想の意味をニーバーの生きた時代・社会との関連を明らかにしながら解明する「バランスのとれた伝記」として高く評価されている。

A５判五八〇頁六三〇〇円

978-4-915832-49-9（2004）（4-915832-49-X）

ピューリタン
近代化の精神構造

大木英夫著

著者は、近代の成立をルネッサンスと宗教改革に求め、非宗教化と捉える俗説を排し、近代の起源を、「教会と国家の分離」「人間の個人化」「契約社会への移行」という構造変化に見出す。その構造変化の担い手としてのピューリタンたちの運動の思想史を描く。名著『ピューリタン』の改訂新著。

四六判二三二頁二一〇〇円
978-4-915832-66-6 (2006) (4-915832-66-x)

イングランド・ピューリタニズム研究

松谷好明著

イギリスに起こり、アメリカへと展開したピューリタニズムは明治期から日本の文学・思想に多大な影響を与えてきているが、一方でまちがった理解によりゆがんだピューリタニズム像も描かれてきた。本書は、ピューリタンたちの生み出した第一次資料にあたって歴史資料に則ったピューリタン像を描くとともに、ピューリタニズムを世界史的動向の中で捉え、歴史を変革し、形成する普遍的原理としてのピューリタニズムを評価しなおすものである。

A5判四三二頁八四〇〇円
978-4-915832-70-3 (2007)

アメリカにおける神の国
〈聖学院研究叢書6〉

H・リチャード・ニーバー著
柴田史子訳

本書は、アメリカの社会学者、倫理学者、また神学者として知られる著者が、アメリカにおいて「神の国」という思想がどのように展開したかを歴史的に論じた古典である。一九三七年の出版であるが、アメリカとは何かを神学的に解明しており、現代のアメリカのキリスト教、アメリカ社会を理解するうえで欠くことのできない書物である。

A5判二一六頁三一五〇円
978-4-915832-71-0